**Gebrauchsanweisung
für Zürich**

Milena Moser

Gebrauchsanweisung für Zürich

PIPER
München Berlin Zürich

Mehr über unsere Autoren und Bücher:
www.piper.de

Die Rechtschreibung folgt den in der Schweiz gebräuchlichen
Schreibweisen mit ss statt ß.

ISBN 978-3-492-27659-7
2. Auflage 2016
© Piper Verlag GmbH, München/Berlin 2015
Satz: le-tex publishing services GmbH, Leipzig
FSC-Papier: Munken Premium von Arctic Paper
Munkedals AB, Schweden
Druck und Bindung: CPI books GmbH, Leck
Printed in Germany

Inhalt

Nicht cool genug für diese Stadt?

Zürich. Die Stadt, in der ich so lange gelebt habe, dass ich sie wie eine alte Verwandte behandle. Sie ist mir nah und fremd zugleich. Sagen wir, sie ist meine Tante – Tante Turica. Eine angeheiratete Tante, eine, die immer eine gewisse Distanz wahrt, die ihre Geheimnisse hütet. Bei ihr weiss ich nie so recht, woran ich bin. Sie zeigt mir nie, wie sehr sie mich mag, und ist doch immer für mich da. Jedes Mal, wenn ich sie besuche, habe ich den Eindruck, ich müsse erst einmal eine Prüfung bestehen. Ihr Blick wandert von meinen Füssen nach oben – das vergesse ich immer, sie hat sehr klare Vorstellungen von dem, was sie als passendes Schuhwerk bezeichnet. Ihr unbestechlicher grauer Blick ist gnadenlos wie das Licht in der Umkleidekabine einer teuren Boutique. Er bedeutet mir, dass ich nicht wirklich gut genug bin für sie. Nicht erfolgreich genug. Nicht genügend Geld habe. Nicht gut genug aussehe. Und am schlimmsten: nicht die richtigen Schuhe trage. Ich mache sie direkt für meinen Schuhtick verantwortlich. Doch so viele Paare ich auch im Schrank stehen habe, für Zürich sind es nie die richtigen. Ihre Augenbraue zuckt ganz leicht, vermutlich liege ich auch heute wieder knapp daneben. Gerade, als mich der Mut zu verlassen droht und ich mich frage, ob ich nicht lieber wieder gehen soll, nimmt sie mich in den Arm. Na ja, nicht wirklich in den Arm. Das ist nicht ihre Art. Sagen wir, sie legt eine kühle Hand auf meine Schulter und küsst knapp an meinen Wangen vorbei.

»Dann komm halt herein«, sagt sie. Aber so gut kenne ich sie dann doch, um zu wissen, dass das nun mal ihre Art ist, sich auszudrücken. Sie neigt nicht zum Überschwang. Ihr »komm halt rein« bedeutet so viel wie von anderen ein jubelndes »Da bist du ja endlich, lass dich umarmen!«

Und wirklich, ich kann mich nicht beklagen – ihr Empfang ist immer formvollendet und höflich. Sie bewirtet mich fürstlich, und sie sieht immer wahnsinnig gut dabei aus. Kein Haar am falschen Platz. Keine Laufmasche in den unsichtbaren Strümpfen. Sie sieht gut aus, aber schön ist sie nicht. Alterslos, perfekt, unangreifbar, unnahbar. Es dauert immer eine ganze Weile, bis sie auftaut. Doch irgendwann geht die Sonne unter, und der Tee wird kalt. Dann holt sie die Cognacflasche aus dem Schrank, und plötzlich zeigt sie eine andere Seite.

Sie flucht. Sie lacht. Und sie erzählt von früher … Und mit einem Mal verstehe ich sie besser.

Manchmal geht sie mir auf die Nerven. Manchmal lästere ich über sie. Aber wehe, jemand anderer kritisiert sie auch nur im Geringsten! Dann zeige ich sofort die Zähne. Denn das gebührt einem Aussenstehenden nicht, finde ich. Fauche ich. Und ich lege gleich los mit einem Vortrag über die Vorzüge dieser Stadt, über ihre Geheimnisse, über ihren unerwarteten Charme, die Überraschungen, die sie hinter einer spröden Fassade gekonnt versteckt.

Dieses Buch ist die lange Version dieses Vortrags. Wenn ich manchmal kritisch bin, dann vergessen Sie nicht: Ich darf das. Ich habe lange genug hier gelebt. Ich gehöre zur Familie. Und wenn ich hier und da ein klein wenig lästere, dann nicht, um Sie dazu aufzurufen, das auch zu tun – ganz im Gegenteil. Ich will Ihnen damit nur den Schlüssel zu dieser Stadt in die Hand drücken. Lassen Sie sich von ihrem abweisenden Gebaren nicht beeindrucken, will ich Ihnen sagen. Vertrauen Sie nicht unbedingt auf den ersten Eindruck. Zürich ist eine Stadt voller Widersprüche. Eine provinzielle Weltstadt. Eine bürgerliche Kulturmetropole. Ein unverschämt teures Pflaster, das seine grössten Schätze gratis anbietet.

»Zürich ist wie ein Versprechen, das nie eingelöst wird.« Das hat einmal eine Kellnerin zu mir gesagt, die aus einem Walliser Bergdorf in die Stadt gezogen war. Sie sprach immer noch in ihrem urchigen Dialekt, der selbst für Deutschschweizer schwer zu verstehen ist. Doch ich wusste genau, was sie meinte. Schliesslich war ich selbst mit dreizehn aus der Vorstadt in die Stadt gezogen. In die Stadt der uneingelösten Versprechen. Was hatte ich mir nicht von diesem Umzug erhofft!

Zürich, das war das Ende des Regenbogens. Das Zentrum der Coolness. Hier würde es bestimmt endlich losgehen mit dem wahren Leben, dem wilden. Seit einer Weile schon besuchte ich die Mittelschule in der Stadt, pendelte mit der Vorortbahn hin und her. Obwohl die Fahrt nur zwanzig Minuten dauerte, führte sie in eine für mich vollkommen andere Welt. Nein, schlicht in *die* Welt. Ich benutzte jede Gelegenheit, um länger zu bleiben, in Cafés herumzusitzen, in denen ich nicht wusste, was ich bestellen sollte, oder auf Treppenstufen zu sitzen und zu rauchen, wenn ich eigentlich in der Schule sein sollte. Im Schlepptau neuer Freundinnen wagte ich mich in die coolen Läden in der Altstadt und probierte Jeans an, die ich nicht kaufen durfte.

Kleider kaufen! Dafür war die Stadt immer schon da gewesen: Da war das traditionsreiche Warenhaus Jelmoli, in dem wir als Kinder zweimal pro Jahr neu eingekleidet wurden. Die Fahrt mit dem Auto, das Parkhaus, in dem mir immer mulmig wurde. Die Stadt war gross und grau und roch nach Abgasen. Das, und die Leute grüssten sich nicht auf der Strasse, wie es uns zu Hause und in der Schule eingeschärft wurde – notfalls riefen wir geistesabwesenden Erwachsenen hinterher: »Hey, grüezi säge!« In der Stadt hingegen beachtete einen niemand, das war gefährlich und gleichzeitig befreiend.

Als mein Vater auszog, zeigte sich dieser unverhoffte Silberstreifen am ansonsten eher tristen Horizont. Die Scheidung der Eltern bedeutete neben vielen anderen Veränderungen auch, dass wir umziehen würden: in die Stadt! Ich konnte es nicht erwarten. Doch dann stellte sich heraus, dass unser neuer Wohnort nur hundert Meter von der Stadtgrenze entfernt lag, dass mein Schulweg nicht etwa kürzer geworden war, nur einsamer, ohne meine Freundinnen in der Vorortbahn, ohne die hübschen Jungs im Raucherabteil, die wir durch die Trennscheibe verstohlen beobachteten. Überhaupt: Nichts von dem, was ich mir von dieser Stadt versprochen hatte, erfüllte sich. Zürich machte keineswegs eine andere aus mir. Ihre Coolness übertrug sich nicht auf mich, so verpasste ich zum Beispiel die sogenannte »Bewegung« der Achtzigerjahre, die Revolte meiner Generation. Als wäre ich nie da gewesen. Dafür wäre ich fast einer Sekte aufgesessen, die auf unsichere junge Mädchen spezialisiert war. Und ich kaufe bis heute die falschen Jeans. Erst mit den Jahren merkte ich, dass es den meisten Zürchern ganz genauso geht: Sie alle erhoffen sich von der Stadt eine Art automatisches Upgrade ihres Lebens – das die Stadt aber nicht erfüllt.

Ich habe Zürich erst wirklich verstanden, als ich die Stadt verliess. Erst als ich ein paar Jahre lang in San Francisco, der Hauptstadt der Uncoolen, gelebt hatte, deren Bevölkerung sich im Wesentlichen aus Menschen zusammensetzt, die in der Mittelschule ausgelacht und verprügelt wurden: Aussenseiter, Streber, Computernerds, Jungs in Stöckelschuhen, muskulöse Mädchen, Künstler, Spinner. Dort bewegte ich mich wie ein Fisch im Wasser. Doch ich kam weiterhin jedes Jahr für zwei Monate nach Zürich. Und erst, als ich die Stadt hauptsächlich von ihrer Sommersonnenseite erlebte, begann ich sie so richtig zu schätzen. Plötzlich sah ich sie mit neuen Augen, mit der naiven Begeisterung einer amerikanischen Touristin. »Schaut doch«, rief ich zur Verlegenheit meiner alten Freunde entzückt. »Schaut doch, wie schön es hier ist! Schaut, wie sauber und pünktlich alles!« Und damit meinte ich nicht nur ihre atemberaubende Lage, die ich immer für selbstverständlich genommen und gar nicht mehr beachtet hatte. Die Berge! Der See! Klares Wasser, in dem man schwimmen kann – vermutlich könnte man es sogar trinken, so sauber ist es. Gut gelaunte Menschen auf geschmackvollen Picknickdecken. Designer-Eis vom Handwagen. Und über allem wachen die immer noch schneebedeckten Bergketten. Die Postkarte lebt! Rote Marmorwaschbecken im öffentlichen Klo. Designerstühle im Postbüro, blitzsaubere Tramwagen mit eingebauten Zeitungsständern. Luxuriöse Bäderanlagen, wasserspeiende Drachen, Rutschbahnen für jedes Alter. Gut angezogene Menschen überall, keine hängenden Bäuche, keine weissen Turnschuhe weit und breit, ich war begeistert.

Kurz, eine prächtige Stadt. In der allerdings erschreckend schlechte Laune herrscht. Der überwältigende Anspruch, immer an vorderster Front der Coolness dabei zu sein und sich gleichzeitig diese Anstrengung nicht anmerken zu lassen, raubt der Bevölkerung den letzten Nerv. Unruhig flitzen ihre Augen hin und her: Wo ist es nun, das pralle, urbane Leben, wo findet es statt? Wo geht es ab? Der im Hinterkopf ständig präsente, nagende Verdacht, eben nicht zur richtigen Zeit am richtigen Ort zu sein, verdirbt ihr die Laune. Dabei ist meine Tante Turica wie jede andere stolze, schöne Frau. Übereifrige Verehrer langweilen sie. Hechelnden Trendsettern verschliesst sie sich. Aber denen, die sich einen Deut drum scheren, wo »man« hingeht und was gerade »angesagt« ist, denen zeigt sie sich von einer ganz anderen Seite. Die, die sich nicht um sie bemühen, werden von ihrem stillen, aber auch leicht schrägen Charme überrascht.

Kurz, die Einzigen, die diese coole Stadt wirklich unbeschwert geniessen können, sind ironischerweise die Uncoolen, die sporadischen Besucher wie Sie und ich.

Alle Wege führen zum HB

Vergessen Sie den Flughafen. Der Flughafen Zürich, wie er nach einer Reihe unglücklicher Namen simpel heisst (»Kloten« bedeutet auf Holländisch »Hoden«, und »Unique« klang so sehr wie »Munich«, dass dem Gerücht nach diverse Taxifahrer mit ahnungslosen Gästen über die Grenze nach Norden gefahren sind). Der Flughafen Zürich also ist ein Transitflughafen, eine Durchgangs-station auf dem Weg nach anderswo. Nein, wer Zürich zum Ziel hat, kommt mit dem Zug an. Der Zürcher Hauptbahnhof ist nicht nur der grösste, sondern auch der älteste Bahnhof der Schweiz. Der ursprüngliche Bau war der Endbahnhof der 1847 eröffneten ersten ganz auf Schweizer Boden gebauten Bahnstrecke. Sie führte von Baden nach Zürich und ist heute noch eine der beliebtesten Pendlerstrecken des Landes. Diese Verbindung trug im Volksmund den schönen Namen »Spanisch-Brötli-Bahn«, nach einem Gebäckstück, das eine ziemlich interessante Geschichte hat: Es wurde ursprünglich in Mailand hergestellt, welches im 16. Jahrhundert unter spanischer Herrschaft stand. Die »Spanisch Brötli« waren vor allem im 17. und 18. Jahrhundert beliebt. Besonders die wohlhabenden Zürcher, die oft in Baden zur Kur weilten, schätzten dieses dekadente »Stückli«. Es bestand nämlich aus luftigem Blätterteig mit einem sehr hohen Butteranteil – und ein solches Luxusgebäck herzustellen war im reformierten Zürich verboten. Aber die reichen Zürcher wollten diesen Genuss auch zu Hause nicht mehr missen, und so schickten sie ihre Dienstboten aus. Diese mussten nachts die 25 Kilometer von Zürich nach Baden zurücklegen, um am Morgen das Gebäck zu kaufen und es möglichst frisch den Herrschaften zum Sonntagsfrühstück aufzutischen. Mit dieser ersten Bahnverbindung konnten die »Spanisch Brötli« in 45 Minuten von Baden nach Zürich transportiert werden. Dafür wurde die Strecke wohl hauptsächlich genutzt, denn daher hat sie ihren Namen. Und diese Geschichte sagt eigentlich schon alles, was man über Zürich wissen muss.

1871 musste dieser erste Bahnhof aber schon durch einen grösseren, besseren, schöneren Neubau von Jakob Friedrich Wanner ersetzt werden, um dem erhöhten Verkehrsaufkommen gerecht zu werden. Damals überlegte man, den Bahnhof näher an die Stadt und an den See heranzubauen, weil der Zürichsee immer noch eine grosse Bedeutung als Transportweg hatte. Denn ursprünglich lag der Bahnhof ausserhalb des damaligen Stadtzentrums, der heutigen Altstadt. Doch die Stadt akzeptierte den Bahnhof als ihr neues Zentrum und richtete sich schon bald an ihm aus. Die berühmte Bahnhofstrasse rollt sich wie ein roter Teppich vor seine

Füsse beziehungsweise seinen Haupteingang, der die Strasse wie ein Triumphbogen empfängt.

Bis heute ist der Hauptbahnhof in ständiger Veränderung begriffen, einem nicht enden wollenden Verbesserungs- und Vergrösserungsprozess unterworfen. Es würde mich nicht wundern, wenn er eines Tages die Stadt auffressen würde.

Der Stau auf der A 1 sagt etwas anderes, doch ich behaupte: Alle Wege nach Zürich führen über den HB, wie wir den Hauptbahnhof nennen. Vielleicht beginnen und enden sie sogar da – denn warum sollte man diesen zwar weder schönen noch übersichtlichen Ort verlassen wollen, dieses ständig im Umbau begriffene, von rot-weiss gestreiften Planken begrenzte Labyrinth, diese imaginäre Weltstadt im Kleinformat, diese unterirdische Utopie? Das sagen sich jedenfalls die Horden von Jugendlichen, die an den Wochenenden von der Agglomeration in die grosse Stadt von Welt geschwemmt werden. Viele bleiben gleich einmal da. In deutlich voneinander abgrenzbaren Gruppen. Unter der Uhr lebt unverdrossen der Punk weiter, mit Bierdosen und überraschend gut genährten Hunden mit rot-weiss gemusterten »Glarnertüechli« als Halsband. Bei der Rolltreppe zur S-Bahn hängen die Emos, die »Emotionalen«, die Neoromantiker, die aus anderen Grossstädten längst verschwunden sind. Kunstvoll drapieren sie sich am Geländer, die dünnen Beine ausgestreckt, die kunstvoll geföhnte Franse über der Stirn. Das macht es den Vorstadteltern leichter, ihre Zöglinge gegebenenfalls wieder aufzuspüren. Manche werden aber gleich entdeckt, so wie Benjamin Lutzke, Hauptdarsteller des preisgekrönten Filmes »Chrieg« (Krieg). Er war sechzehn Jahre alt, hatte seine Lehre als Lüftungsplaner abgebrochen und wusste nicht, was mit sich anzufangen. Also hing er mit seinen Kumpels am HB rum und wurde dort von Simon Jaquemet angesprochen. Lutzke war einer der ersten von ungefähr tausend Jugendlichen, die der Zürcher Filmemacher zum Casting für seinen ersten Film einlud – einer der ersten und der Beste. Unterdessen hat er den Max-Ophüls-Preis gewonnen und Isabelle Huppert die Hand geschüttelt. Der Zürcher Hauptbahnhof, das Tor zur Welt. Sage ich doch.

In einem Interview für den ZÜRITIPP, die Veranstaltungsbeilage des Tages-Anzeigers, hat Benjamin Lutzke ausserdem etwas über die Schauspielkunst gesagt, das zu schön ist, um unzitiert zu bleiben, auch wenn es mit Zürich direkt nichts zu tun hat: Er habe früher sehr viel gelogen, sagt er. »Ich war richtig gut darin. Davon habe ich profitiert. Schon beim Casting dachte ich: Das ist ja wie Lügen.«

Deshalb ärgern Sie sich nicht über die jugendlichen Horden, über die Sie am Wochenende unweigerlich stolpern werden. Wer weiss, ob es nicht der nächste Newcomer des Schweizer Films ist, der hier gerade seine Bierflasche vor Ihre Füsse fallen lässt!

Das reizendste Spektakel aber bietet sich im Souterrain bei McClean. Genau, der saubersten öffentlichen Toilette der Welt. Dafür kostet der Eintritt aber auch 2 Franken. Eine gut gekleidete ältere Dame, mit Einkaufstaschen der umliegenden grossen Warenhäuser behängt, drängt sich an mir vorbei.

»Für zwei *Schtutz* steh ich doch nicht Schlange hier!«, schnauzt sie. So heisst die Landeswährung in der Landessprache – Schtutz. Nicht Fränkli! Bitte nicht! Am häufigsten in folgender Konstellation gehört: »*Häschmer en Schtutz?*« Auch reiche Länder haben Bettler. Aber dazu später. Zurück in die gediegene und geräumige Damentoilette im Zwischengeschoss des Hauptbahnhofes. Es herrscht Gedränge, vor allem vor dem Schminkspiegel. Junge Frauen machen sich für den Ausgang bereit. Ausgang, noch so ein lokaler Begriff. Damit ist nicht Heimaturlaub von Gefängnisinsassen und Psychiatriepatienten gemeint, sondern das Nachtleben. Tanzen, Trinken, Essen – Ausgehen eben. Doch, das ist in Zürich ein Zustand und keine Tätigkeit. Item. Die jungen Frauen schleppen eine Ausrüstung mit sich herum, die einer Theateraufführung oder einem Fotoshooting angemessen wäre und für die man normalerweise Träger engagiert. Rollkoffer und bauchige Taschen voller Kleider, Schuhe, Schmuck, Schminksachen, Haarprodukte. Mit diesem Gepäck belagern sie die Schminktische in der Ecke und bald auch jeden verfügbaren Quadratzentimeter vor den Spiegeln. Manche ziehen sich in den verschlossenen Kabinen um, aus denen dann besorgniserregendes Rumpeln und Ächzen klingt. Die dünnen Wände beben, als ob jemand gegen sie gestolpert wäre – und das ist sie auch, die junge Frau, die nach einer Weile herauskommt, ausser Atem, das Gesicht gerötet von der Anstrengung, aus der Arbeitskleidung zu schlüpfen und sich in hautenge Plastikhosen zu zwängen. Als Nächstes probiert sie verschiedene Schuhe aus, humpelt auf einem flachen, lackglänzenden und einem hochhackigen, satinierten Modell vor dem Spiegel auf und ab. Freundinnen diskutieren ernsthaft Pro und Kontra, bis eine andere sich einmischt und den Platz vor dem Spiegel beansprucht. Sämtliche Steckdosen sind im Einsatz, mit elektrischem Gerät werden Haare geföhnt, geglättet oder gewellt, es riecht nach verbranntem Horn, nach Haarspray, nach Parfüm. Spraydosen wirbeln wie Waffen durch die Luft. In den Spiegeln werden Blicke getauscht, abwägende, abschätzende, auch bewundernde, es wird geflüstert und kommentiert. Es dauert ziemlich lange, bis ein Grüppchen von Frauen bereit ist. Dann schwingt in ihren Schritten die Gewissheit mit, dass sie alles getan haben, was möglich ist. Sie sind schön, die Welt liegt ihnen zu Füssen (flach oder hochhackig beschuht).

Unter Umständen bewegen auch sie sich nicht weiter als mit der Rolltreppe hinauf in die Bahnhofshalle. Die von Eisenfachwerkträgern überspannte Halle würde mit ihren Arkaden und Bogenfenstern monumental und feierlich wirken – wenn sie denn zur Geltung käme. Doch meist ist sie bis zum Platzen zugebaut. In den reich dekorierten Wandelgängen und Lichthöfen, Restaurants und Sälen ist immer etwas los. Ein Rockkonzert, eine Autoausstellung, ein Fondue-Wettessen, ein Beachvolleyballturnier oder der Christkindlmarkt. Im Gegensatz zu anderen Orten auf der Welt scheint das Oktoberfest hier monatelang zu gastieren – oder wer weiss, was hinter den weissen Planen des Festzeltes stattfindet, ich habe nie gewagt, sie zu lüften. Kleine Warnung am Rande: Wenn Sie einen Zug erwischen wollen, planen Sie sicherheitshalber zehn Minuten extra ein, um die Halle zu durchqueren. In den beiden schmalen Gängen, die bei solchen Veranstaltungen für den Fussgängerverkehr frei bleiben, kommt es unweigerlich zum Stau.

Über all dem Treiben wacht ungerührt der blaue »Engel mit-ohne Gesicht«, wie mein Sohn ihn nannte.

Es ist »L'ange protecteur«, der Schutzengel von Niki de Saint Phalle, der natürlich ein Mädchen ist – nicht nur kleine Kinder erkennen das sofort am bunt bemalten Busen. Auf Amtsdeutsch wird die fliegende Statue deshalb holprig »Engelsfrau« genannt. Diese kann natürlich nicht wirklich fliegen, sondern hängt hoch oben in der Bahnhofshalle an drei Stahlseilen. Von da aus soll sie die Reisenden beschützen, eine Aufgabe, die sie, soweit ich das beurteilen kann, gewissenhaft wahrnimmt. Schliesslich wurde sie von der Sicherheitsfirma Securitas in Auftrag gegeben, ein Geschenk an die Schweizerischen Bundesbahnen zu deren 150. Geburtstag. Auch die Schutzheilige aus Polyester ist nicht mit dem Flugzeug aus Kalifornien gekommen – dafür ist sie zu gross, elf Meter lang, und wiegt elfeinhalb Tonnen. So passte sie in kein Frachtflugzeug. Das Kunstwerk wurde in drei Teile zerlegt und per Schiff über Rotterdam nach Basel und anschliessend mit einem Tieflader nach Zürich transportiert. Hier wurde es vor Ort wieder zusammengebaut und bemalt. Hauchdünne goldene und silberne Plättchen wurden nicht nur auf die Flügel geklebt, sondern auch auf die Krüge in den Händen. Die Künstlerin war dabei anwesend und überwachte die Nachtaktion. Das Kunstwerk hielt ihrem kritischen Blick zunächst nicht stand. Die fünf Himmelskörper, die neben der Engelsfrau hingen und auf der Lithografie zu sehen sind, mussten wieder demontiert werden.

Als meine Kinder noch klein waren, pilgerten wir mindestens einmal die Woche in die Bahnhofshalle, um die Schutzheilige zu besuchen, die damals noch neu war, ihre Haut glänzte blau. Jedes Mal mussten wir uns eingehend über den Badeanzug mit den zwei ungleichen

Brüsten unterhalten und über die Frage, warum das Springseil nicht blinkte. Das Springseil ist eigentlich ein Lebensstrang, so hat es die Künstlerin jedenfalls erklärt, und als solcher lässt er positive Energien fliessen, solange jemand daran gedacht hat, die Batterien auszuwechseln.

»Lebensstrang« ist allerdings nicht das Erste, was den Betrachtern spontan dazu einfällt. »Das ist doch ein Expander«, hörte ich neulich jemanden sagen. »So einen hatte ich auch mal!« Ein Expander…? Dunkel erinnerte ich mich an die als Comic getarnten Werbeanzeigen auf den Rückseiten von Jugendzeitschriften, auf denen ein schmächtiger Jüngling am Strand von allen ausgelacht wird. Per Post bestellt er sich ein Trainingsgerät aus Gummischnüren und zwei Griffen, eben einen Expander. Mit diesem trainiert er seine Muskeln zu Bodybuilderformat. Dann traut er sich wieder an den Strand, wo er endlich von schönen Mädchen umringt ist. Mädchen in Bikinis. Mädchen mit ungleich bemalten Brüsten? Von Engeln gar?

Expander, Springseil oder Lebensstrang – heute ist die Schutzheilige etwas verstaubt. Kein Wunder, wird sie nur alle drei Monate einmal abgestaubt. Das grosse Kunstwerk ist zwar schwer, jedoch sehr empfindlich. Es darf nur ganz vorsichtig mit einem Staubwedel und einem Druckluftspray gesäubert werden, zu leicht könnte es kaputtgehen. Eine Arbeitsbühne hievt die zuständige »Reinigungsfachperson«, wie das politisch korrekt heisst, dafür vierzig Meter in die Höhe. Definitiv eine Aufgabe für Schwindelfreie!

Meine Söhne sind dem Alter, in dem sie den »Engel mit-ohne Gesicht« besuchen wollten, längst entwachsen. Mir ist die Gewohnheit geblieben. Jedes Mal, wenn ich die Bahnhofshalle durchquere, bleibe ich kurz stehen, schaue hinauf, winke. Bedanke mich für eine ereignislose Reise (wobei uns verwöhnten Schweizern eine Verspätung von sieben Minuten schon vorkommt wie anderen ein Streik oder eine Entgleisung). Ich stehe nie allein unter den ausgebreiteten goldenen Flügeln der Schutzheiligen. Die Erwachsenen legen den Kopf in den Nacken und zeigen mit dem Finger nach oben. Das Kunstwerk ist umstritten, nicht nur, weil an anderen Orten ähnliche Engel von Niki de Saint Phalle hängen oder stehen oder fliegen. Nein, es sind vor allem die bunt bemalten Brüste, die Anlass zu Diskussionen geben.

»Also nein! Also so etwas. Ja aber nein! Ist das Kunst? Soll das Kunst sein? Ja aber nein, und dann dieser Busen. Das muss ja nun wirklich nicht sein. Muss das sein? Ja also nein, nein aber also …«

Unterdessen stellen kleine Kinder genau wie meine damals die wirklich existenziellen Fragen: »Ist der Engel ein Mädchen? Hat er Milch im Busen? Sind seine Augen blau? Gibt es auch rote Engel, grüne, gelbe? Ist das Herz auf dem Badeanzug oder im Engel drin, und warum leuchtet es nicht? Ist der Engel tot? Sieht der Engel, wo der Zug hinfährt? Kommt er zu uns nach Hause?«

Der Engel, so denke ich, würde bestimmt gern für ein paar Tage abhauen, sich in einem Privathaushalt ausruhen, wo er die zu Beschützenden leichter überblicken könnte – aber er kann nicht. Er wird in der Bahnhofshalle gebraucht. Wir aber verlassen sie nun, und zwar durch den Hinterausgang.

Hinter den achtzehn Geleisen

Wer den Bahnhof verlässt, wendet sich fast automatisch der legendären Bahnhofstrasse zu. Selbst wenn ich Ihnen sage, lassen Sie sie aus, Sie werden nichts Neues sehen, Sie werden viel zu viel Geld ausgeben, weiss ich jetzt schon, dass Sie nicht auf mich hören werden. Die Bahnhofstrasse ist berühmt. Aber ich versuche es trotzdem: Nehmen Sie doch den Hinterausgang. »Welchen Hinterausgang?«, fragen Sie, und zu Recht: Der grossartige Hauptbahnhof, der zur Seite der Bahnhofstrasse einen regelrechten Triumphbogen bildet, fuselt am andere Ende, hinter dem Gleis 18, einfach aus. Unmerklich geht er in Taxistand und Parkplatz über, und bevor man weiss, was passiert, ist man schon draussen. Auf der anderen Strassenseite steht das Landesmuseum. Wie alles in Zürich ist auch dieser monumentale Bau meist von Baugerüsten und Planen verdeckt.

Das ist eine Art Zürcher Leitmotiv: Umbau. Die rot-weiss gestreiften Abschrankungsplanken sind das wenig geliebte inoffizielle Wahrzeichen der Stadt. Sie spotten den berühmten (wenn auch immer aus dem Zusammenhang gerissenen) Satz der ehemaligen Zürcher Stadträtin Ursula Koch Lügen: »Zürich ist gebaut.« Schön wär's ja!

Zurück zum Landesmuseum. Als Kind nannte ich es das »Königsmuseum«. Ganz wie es unseren Geschlechterrollen entsprach, rannte ich immer erst zu den Trachten und Kostümen und mein Bruder zu den Waffen. Die bürgerlichen Trachten mit ihren reichen Stickereien, ihren spitzenbesetzten Häubchen kamen mir nun mal vor wie königliche Roben. Es war eine kleine Familientradition, am Sonntag in die Stadt zu fahren, das Königsmuseum zu besuchen und dann in einem der vielen italienischen Restaurants im Kreis 5 zu Mittag zu essen. Der Kreis 5, der hinter dem Bahnhof beginnt, war damals noch ein etwas pittoreskeres Pflaster als heute. Das ehemalige Industrie- und Arbeiterviertel ist heute Symbol für die zunehmende Schickimickisierung der Stadt. Auch wenn die Sozialromantik, die zum Beispiel in den Zürcher Filmklassikern von Kurt Früh verströmt wird, nie ganz der Realität entsprach. Hier, »Hinter den sieben Gleisen« (heute wären es, wie gesagt, achtzehn) spielt eines seiner berühmtesten Werke. Es handelt von drei sympathischen Clochards, die in einem Schuppen beim Güterbahnhof hausen. Sie haben eine harte Leber und ein weiches Herz. Sie stehlen nicht mehr, als sie trinken können, und sie halten zusammen. Bis sich ein deutsches Fräulein bei ihnen versteckt, das erst noch in den Wehen liegt. Mithilfe der Bahnwärterin bringt sie das Kind zur Welt. Ihre Anwesenheit stachelt die Clochards zu Höchstleistungen an, zwei von ihnen suchen sich anständige Arbeit, der dritte rasiert sich den Bart ab und macht ihr einen Heiratsantrag. Sie aber brennt mit einem Lokomotivführer durch. Ein wunderschöner, wenn auch nicht besonders realistischer Film – vermutlich gerade deswegen. Er zeigt eine Sehnsucht, die der Filmemacher Früh mit Generationen von Zürchern teilt, bis hin zu den heutigen Hipstern. Die Sehnsucht nach echter Wärme, Zusammengehörigkeitsgefühl, Solidarität. Irgendwo zu Hause zu sein, dazuzugehören. Unabhängig davon, wie man aussieht und welche Marken man trägt. Diese Sehnsucht nach Zugehörigkeit, nach Authentizität treibt eine Welle von ruhelosen Mietern nach der anderen durch die Quartiere, in denen man diese Echtheit vermutet – hinter den sieben beziehungsweise achtzehn Geleisen.

Dies würden die Kindheitserinnerungen von Ernst Buchmüller bestätigen: »Ich bin ein Kind aus dem Kreis 5, aufgewachsen an der Neugasse, gerade vis-à-vis des Brockenhauses, ein Langstrassen-Kind eben. In meiner Kindheit kamen die ersten ›Fremdarbeiter‹ in die Schweiz, und im Kreis 5 fanden sie bezahlbare Wohnungen. Multikulti war allerdings für die eingefleischten ›Industrieler‹ eine richtige Bedrohung. Die Arbeiter des Quartiers hatten über die Jahre gelernt, sich gegen die Bonzen zu wehren, und sich einen kleinen, in sich gut funktionierenden Lebensraum eingerichtet. Jetzt plötzlich kamen die Leute aus dem Süden, auf der Suche nach Arbeit und Einkommen. Die Fabrikbesitzer hatten sie geholt. Das alltägliche Strassenbild veränderte sich, die Läden hatten völlig andere Sachen im Angebot, aus den Küchen kamen unbekannte Gerüche, die Leute sprachen eine unbekannte Sprache und lachten viel mehr als die Einheimischen. Diese ›Invasion des Fremden‹ hat mich als Kind fasziniert und ist der Ursprung meiner Forderung: Jeder Mensch soll so leben, wie er will, ohne dass er dabei jemand anderen bedroht oder einschränkt. Gemeinsam miteinander leben; in der Vielfalt und mit der grösstmöglichen Toleranz.

Dazu gibt es eine kleine Geschichte: Die Huren der Langstrasse gehörten in meiner Kindheit zum Inventar des Quartiers. Eine ganz besondere Frau hatte ihren Standplatz an der Bushaltestelle Röntgenstrasse. Sie hiess »s'Foiflieber Lisi«, und sie machte es für einen »Schnägg« zwischen zwei Bussen*. Als sie dann älter wurde, dauerte es etwas länger, und als sie starb, gingen die alteingesessenen Frauen und Männer des Quartiers zu ihrem Begräbnis. Das war Ehrensache und eine Selbstverständlichkeit. Ich wohne schon mehr als vierzig Jahre nicht mehr im Industriequartier und hatte auch nie das Bedürfnis, wieder im Kreis 5 ansässig zu werden. Es ist wohl so wie mit einem Heimatdorf: Die Erinnerung ist schön und etwas sentimental, aber die Gegenwart anderswo.«

Heute gehen Sie an der Konradstrasse vor allem an schicken Boutiquen und Hipster-Bars vorbei, doch das lassen wir vorläufig bleiben. Keine Angst, Sie werden das Viertel inklusive Langstrasse und Kreis 4 später noch besuchen. Wenn es draussen dunkel ist. Wie sich das gehört. Aber erst einmal bleiben wir hinter dem Bahnhof. Und da wir gerade über Sozialromantik nachdenken, setzen wir uns doch für einen Augenblick unter eine der Platanen in dem wunderschönen Park, der sich

---

* »Foiflieber« und »Schnägg« sind zwei Bezeichnungen für die Fünf-Franken-Münze.

gleich hinter dem Landesmuseum befindet. Das ist der Platzspitz. Hier, wo Sihl und Limmat zusammenfliessen, fühlt man sich wie im Bug eines grasbewachsenen Schiffes, von Wasser umspült, im Schatten der Bäume, umgeben von Skulpturen, ein kleines Paradies. Dies war der erklärte Lieblingsplatz von James Joyce, der während des Ersten Weltkrieges in Zürich lebte. Man kann es ihm nicht verdenken.

Der Park hat eine bewegte Vergangenheit. Im 15. Jahrhundert wurden auf dieser Weide Schützenhaus und Schiessplatz errichtet. Im 16. und 17. Jahrhundert wurden Schützenfeste gefeiert mit Jahrmärkten und Musik. Hier hat das Zürcher Knabenschiessen seinen Ursprung, der Brauch mit dem irreführenden Namen. Es handelt sich dabei aber nicht um die Hinrichtung junger Männer, sondern um einen Schützenwettbewerb! Zu Beginn des 18. Jahrhunderts wurden entlang der beiden Flüsse Alleen angelegt. Am Sonntag nach der Kirche flanierte man unter den Platanen entlang und präsentierte seine schönsten Kleider. Doch 1780 wurde der Schiessplatz ins Albisgüetli verlegt und der Platzspitz in eine barocke Parkanlage nach französischem Vorbild umgewandelt. Als der Hauptbahnhof gebaut wurde, unterbrachen die Geleise die Promenade entlang der Sihl, und der Park verlor seine Attraktivität. Erst mit der ersten Schweizer Landesausstellung 1883 änderte sich das wieder. Der Park wurde zu einem Landschaftspark umgebaut. Der heutige Musikpavillon stammt aus dieser Zeit. Dann wurde das Landesmuseum gebaut, der Park noch einmal verkleinert, das Interesse der Bevölkerung verlor sich erneut.

Nur die Bäume bleiben: Einige der majestätischen Platanen, die heute noch im Park wachsen, wurden 1780 gepflanzt. Es ist heute kaum mehr vorstellbar, dass sich hier in den späten Achtziger- und frühen Neunzigerjahren der berüchtigte Needle-Park befand. Die offene Drogenszene mit all ihren Auswüchsen mitten im reichen, bürgerlichen und sauberen Zürich erregte internationales Medieninteresse. Schockierende Szenen des Elends, mitten in der saubersten und reichsten Stadt der sauberen und reichen Schweiz? Drogen, Dreck, Blut und Ratten, wenige Schritte von der teuersten Einkaufsstrasse Europas entfernt? Auch das ist einer der vielen Widersprüche meiner alten Tante Turica: die bürgerliche Stadt mit der liberalen Drogenpolitik. Diese allerdings ist hart erkämpft. 1975 stellte das Betäubungsmittelgesetz Drogenbesitz und -konsum unter Strafe. Gleichzeitig plädierten Mediziner dafür, Drogensucht als Krankheit anzusehen. Und die Bewegung der Achtzigerjahre erkannte in der Drogensucht einen extremen Ausdruck des Leidens an der bürgerlichen Gesellschaft, das sie in anderer Form auch teilte. Diese Haltung spiegelte sich auch in der Drogenpolitik der rot-grünen Stadtregierung wider, die 1990 erklärte: »Drogenabhängige gehören zur Gesellschaft, auch wenn ihr Verhalten unter den geltenden gesetzlichen Bestimmungen immer wieder Rechte und Gefühle anderer Menschen beeinflusst.«

Rund um die Drogenszene entwickelte sich damals eine regelrechte Helferindustrie. Vertreter des Sozialamts, private Gassen- und Sozialarbeiter, medizinisches Hilfspersonal, das Gartenbauamt und kirchliche Organisationen richteten sich im Katastrophengebiet ein. Im Angebot waren Mittagstische, Rockkonzerte und Malkurse für Junkies. Regelmässig durchstreiften Journalisten und Neugierige auf Elendssafari den Needlepark. Wirklich hilfreich war damals wohl nur das medizinische Präventionsprojekt Zipp-Aids, das sich in der Baracke des ehemaligen Kiosk- und Toilettenhauses auf dem Platz installierte: Ärzte, Krankenschwestern und Studenten verteilten Spritzen, Tupfer und Kondome. Sie leisteten Erste Hilfe und riefen im Notfall die Ambulanz, 24 Stunden am Tag, 365 Tage im Jahr. Weniger hilfreich waren die missionierenden Christen, die Heilsarmee und andere Gutmenschen.

»Auf dem Platzspitz herrschte unter den Dealern, Käufern und Konsumenten in der Regel keine wirklich aggressive Stimmung. Manchmal war sie fast familiär. Aber der ganze Müll, der Gestank: Das war oft unerträglich. Und die Ratten, die sich darin tummelten. Grauenhaft«, erinnert sich ein ehemaliger Konsument. Am 5. Februar 1992 wurde der Platzspitz geräumt und mit einem Eisentor verriegelt, die Drogenabhängigen wurden vertrieben. Flankierende soziale und medizinische Massnahmen gab es kaum. Die Drogenszene löste sich aber nicht wie erhofft einfach in Luft auf, sondern verschob sich in den Kreis 5 und dann auf das Areal des stillgelegten Bahnhofs Letten, wo sie noch drei Jahre lang geduldet wurde. Die Szene wurde noch einmal härter und von Banden beherrscht. Gebrauchte Spritzen lagen auf der Strasse, in Hauseingängen und auf Spielplätzen herum, und manch eine Familie, die auf der Suche nach dem »echten« Zürich in den Kreis 5 gezogen war, floh wieder in sicherere Gegenden.

Die Verhältnisse auf dem Letten waren ungleich brutaler, das Elend noch grösser als auf dem Platzspitz. 1995 wurde auch der Letten geschlossen. Seither verteilt sich die Drogenszene relativ diskret in den Seitengassen und Hinterhöfen.

Immerhin hat diese ganze Sache, die manche als Debakel anschauen, dazu geführt, dass die Drogenpolitik in der Schweiz fortschrittlicher und pragmatischer geworden ist. Bis zur Heroinabgabe an schwer Süchtige. Das führt dazu, dass heute die ersten Junkies in einem Altersheim sitzen, das die Stadt speziell für sie eingerichtet hat. Man kann auch mit harten Drogen alt werden. Ohne Beschaffungsstress. Andere sagen, so werde es einem viel zu leicht gemacht, süchtig zu bleiben. Der Heroinentzug werde nicht angeboten und unterstützt. Was ist richtig? Eine Frage, auf die es, wie auf alle existenziellen Fragen, keine eindeutige Antwort gibt. Aber eins ist klar: Zürich ist vielschichtiger, widersprüchlicher und überraschender als auf den ersten Blick vermutet. Und man kann die Stadt nur verstehen, wenn man ein bisschen etwas über ihre Geschichte weiss, die wild bewegter ist als angenommen.

Also zurück zum Königsmuseum. Es ist immerhin möglich, dass dieses zum Zeitpunkt, zu dem Sie dieses Buch in Händen halten, endlich das lang geplante »Züri-Museum« beherbergt. Dann wäre das der ideale Ort, um Ihren Besuch zu beginnen. Hier sollen nämlich die Fäden zusammenlaufen, die die Geschichte mit der Gegenwart verknüpfen, hier sollen Sie alle Informationen auf einem Stockwerk vorfinden, luftig verpackt in virtuelle und multimediale Präsentationen und auch solche zum Anfassen und Mitspielen. Ein solches Museum steht der Stadt schon lange zu, und sie sollte es auch schon längst bekommen haben. Die Chancen stehen also gut, vor allem nachdem die Stadtzürcher im

Juni 2014 endlich über die Finanzierung abgestimmt und den vorgeschlagenen Kredit gutgeheissen haben. Das Projektteam von »Zürich im Landesmuseum« hat die zentralen Ausstellungsthemen bereits verbindlich definiert: Das ganze kulturgeschichtliche Spektrum des Kantons Zürich soll gezeigt werden, von den Pfahlbauern bis zu den Auswirkungen der Globalisierung. Die wirtschaftliche Entwicklung von Landwirtschaft, Industrie, Finanzplatz und Kreativwirtschaft, aber auch das bürgerliche Leben mit seinen Traditionen vom Sechseläuten bis zur 24-Stunden-Gesellschaft. Die Betonung liegt dabei auf den spezifisch zürcherischen Konsequenzen, die aus so unterschiedlichen Bewegungen wie der Reformation, dem Liberalismus, der Arbeiterbewegung oder den Jugendrevolten von 1968 und 1980 hervorgegangen sind.

Das positive Abstimmungsergebnis ist allerdings noch kein Garant für gutes Gelingen. Auch das ist eine Art Leitmotiv der Stadt Zürich: Grossprojekte haben es nie leicht. Grundsätzlich wird erst einmal alles abgelehnt. Das zeigt sich beim Erweiterungsbau des Landesmuseums. Rund zehn Jahre hat es gedauert, bis Gestaltungsplan und Baubewilligung rechtskräftig und sämtliche Kredite genehmigt waren. Die Gegner des Baus hatten immer wieder geklagt, dass der »Betonklotz« den ursprünglichen, burgähnlichen Bau von 1898 zerstören würde. Doch selbstverständlich hatte es gegen diesen damals auch erst einmal Proteste gehagelt. Zürich hatte sich mit dem Projekt »Märchenschloss« im Wettbewerb gegen andere Schweizer Städte durchgesetzt, doch der Bau von Gustav Gull, der verschiedene Baustile miteinander kombiniert (genau wie der geplante Erweiterungsbau es auch tun wird) stiess auf heftigen Widerstand.

Vielleicht ignoriert man dieses rituelle Hickhack am besten, so wie auch die rot-weissen Bauplanken. Sie sind im Stadtbild so allgegenwärtig, dass man sie irgendwann gar nicht mehr wahrnimmt. Das »Königsmuseum« ist auf jeden Fall einen Besuch wert. Es besitzt eine einzigartige Sammlung von über 840 000 Objekten, die die Kulturgeschichte und das Kunsthandwerk der Schweiz von den Anfängen bis in die Gegenwart dokumentieren. Von Münzen, Schmuck und Uhren über Waffen und Uniformen zu Kutschen, Schlitten und eben Mode und Kostümen. Die ursprüngliche Aufgabe des Nationalmuseums war es, Schweizer Kulturgut zu erhalten und gleichzeitig der patriotischen Erbauung zu dienen. Das steht heute natürlich nicht mehr im Vordergrund. Dafür wurde die Dauerausstellung zur Geschichte der Schweiz 2009 ganz neu konzipiert, dem veränderten Geschichtsverständnis angepasst und in einem mehrgleisigen, vernetzten Stil erzählt. Ausserdem kuratiert das Landesmuseum immer wieder überraschende und neugierig machende Wechselausstellungen zu den unterschiedlichsten Themen, von der Schweiz im Ersten Weltkrieg über den Wandel der traditionellen Familienformen bis hin zu Scherenschnitten.

Aber nur für den Fall der Fälle, dass sich die Eröffnung des Zürich-Museum noch weiter verzögert: Tauchen Sie kurz, nur kurz in die Vergangenheit der Stadt ein.

Warum wir sind, wie wir sind

»Weisst du eigentlich, wer ich bin?«, fragt meine Tante Turica. »Weisst du, wo ich herkomme? Weisst du, warum ich so bin, wie ich bin?«

Ich mag es, wenn sie von der Vergangenheit erzählt. Tatsächlich verstehe ich sie jedes Mal ein bisschen besser. Weil sie mir immer wieder Seiten enthüllt, die ich noch nicht kannte. Und stets will ich als Erstes die Geschichte von den Stadtheiligen hören, mit der sie mich als Kind zu Tode erschreckte. Heute geniesse ich den leisen Grusel, und ich denke: Eine Stadt, die sich auf eine derart splatter-movie-mässige Legende beruft, kann so brav nicht sein!

Urteilen Sie selbst: Felix und Regula, Geschwister christlichen Glaubens, flohen zusammen mit ihrem Diener Exuperantius vor dem sicheren Märtyrertod aus dem römisch regierten Wallis. An den Ufern der Limmat schlugen sie ihre Zelte auf und verbrachten ihre Tage mit Beten. Dabei wurden sie aber von den Soldaten des offenbar besonders grausamen und in die Christenjagd verbissenen Kaisers Maximian erwischt. Obwohl die Soldaten sie gar nicht erkannten, verrieten die naiven Christen treuherzig ihre Identität. Und sie liessen sich auch nach tagelanger Folter nicht zum Bekenntnis zu den römischen Göttern zwingen. So wurden sie schliesslich öffentlich hingerichtet. Auf der Limmatinsel, wo heute die Wasserkirche steht, wurden den drei bekennenden Christen die Köpfe abgeschlagen. Doch statt tot umzufallen, wie es sich gehört hätte, hoben sie ruhig ihre blutigen Köpfe auf, nahmen sie unter den Arm und schleppten sich so, kopflos, mit blutenden Kehlen, die vierzig Schritte vom Limmatufer den Hügel hinauf bis zu der Stelle, an der heute die Grossmünsterkirche steht. Dort legten sie sich zum Sterben nieder. Und dort wurden sie begraben. Blinde und Lahme, die zu ihren Gräbern pilgerten, wurden auf wundersame Weise geheilt.

Nicht schlecht für eine Legende, nicht? Wenn man davon ausgeht, dass jede Stadt die Heiligen hat, die sie verdient, muss man anerkennen, dass das brave bürgerliche Zürich auch unbeugsame, heldenhafte, gruslige, märchenhafte und wundersame Seiten hat.

»Wundersam?« Tante Turica legt den Kopf in den Nacken und grinst. »So kann man es auch nennen. Hab ich dir eigentlich je von meinen Liebhabern erzählt? Ich hatte die tollsten Männer jeder Generation: Einstein, Freud, Lenin, Joyce …«

»Keine Männergeschichten jetzt! Dazu kommen wir später noch.«

Also gut, ganz von Anfang an und doch in relativer Kürze: Die Pfahlbauern besiedelten das Seebecken, die Kelten befestigten auf Zürichs Lindenhof einen Weiler, und die Römer errichteten dort eine Zollstation, einen Schiffshafen und, wichtig!, eine geheizte Badeanlage. Wichtig deshalb, weil Baden in Zürich eine besondere Bedeutung hat. Es ist sozusagen Volkssport. Der Name Turicum taucht das erste Mal auf einem Grabstein auf. Die Inschrift ist berührend: Sie erinnert an den Sohn eines Zollvorstehers. Er hiess Lucius Aelius Urbicus und wurde ein Jahr, fünf Monate und fünf Tage alt. Eine Kopie dieses Grabsteins ist in der Mauer der Pfalzgasse beim Lindenhof zu sehen.

Gut, wir überspringen ein paar Jahrhunderte, die Römer zogen sich zurück, die Alemannen fielen ein. Sie behielten das Kastell auf dem Lindenhof als Sitz der weltlichen Herrschaft. Aus dieser Zeit gibt es nur wenig belegbare Fakten, dafür einige Legenden: Wie die vom alemannischen Herzog Uotila, der auf dem Zürcher Hausberg gewohnt und ihm so seinen Namen, Uetliberg, gegeben habe. Oder dass Karl der Grosse in Zürich eine Pfalz gehabt habe. Sicher ist nur, dass sich das Christentum in dieser Zeit erneut verbreitete. Urkundlich belegt ist auch, dass Ludwig der Deutsche im Jahr 853 seiner Tochter Hildegard ein bestehendes Frauenkloster *in vico Turegum* überschrieb; komplett mit Landbesitz und eigener Gerichtsbarkeit. Damit schenkte er ihr praktisch die Ortschaft Zürich. Die entsprechende Stiftungsurkunde ist die älteste Urkunde im Besitz des Zürcher Staatsarchivs. In den 880er-Jahren zog Karl der Dicke nach und stiftete das Grossmünster und die Wasserkirche. Der Bau des Grossmünsters begann aber erst 1100 und wurde 120 Jahre später beendet – was den Ärger über die heutigen Bauverzögerungen etwas relativiert. 1218 wurde Zürich reichsfrei. Adelige und Freie bildeten einen Rat, bauten ein Rathaus und umgaben die Stadt mit einer Mauer. Die Äbtissin des Fraumünsters wurde Zürcher Stadtherrin. Die folgenden drei Jahrhunderte waren von Rivalität geprägt, die während einer Pfingstprozession eskalierte. Dabei trafen nämlich die Äbtissin des Fraumünsters und der Propst des Grossmünsters mitten auf der Rathausbrücke aufeinander. Keiner wollte dem anderen den Vortritt lassen. Der Massenandrang führte zum Einsturz der Rathausbrücke, acht Menschen ertranken.

Auch diese Anekdote überrascht: Dachten wir nicht, Zürich sei eine vernünftige, eine pragmatische Stadt? Diese leidenschaftliche Sturheit, die lieber ertrinkt als nachgibt, hätten wir ihr auch nicht zugetraut. Und dass eine Frau hier einmal so viel Macht haben konnte, wussten wir auch nicht. Wir dachten, wir würden mit Stadtpräsidentin Corine Mauch zum ersten Mal von einer Frau geführt? Weit gefehlt!

1336 kam es zur Zunftrevolution: Wie in vielen Städten entlud sich auch in Zürich die Spannung zwischen den wirtschaftlich aufstrebenden, rechtlosen Handwerkern und den politisch bestimmenden alten Ritter- und Bürgergeschlechtern in einem politischen Umsturz. Der Halbadlige Rudolf Brun vertrieb mithilfe der Handwerker den Rat und teilte die Handwerker in dreizehn Zünfte ein. Die Ritterschaft und die Geldaristokratie formierte die Gesellschaft zur Constaffel, ihre Vertreter bildeten den neuen Rat. Die wichtigste Neuerung war aber das Amt des auf Lebzeiten gewählten Bürgermeisters, der grossen Einfluss auf die Bestellung der Stadträte hatte und dem die Bürgerschaft Gehorsam schwören musste. So hatte sich Rudolf Brun mit der Zürcher

Zunftrevolution zum zeitweiligen Alleinherrscher Zürichs befördert. In der »Zürcher Mordnacht« vom 23. Februar 1350 versuchten die nach Rapperswil verbannten Ratsherren, Rudolf Brun zu stürzen, doch die Zünfter, allen voran die Metzger der Zunft zum Widder, schlugen sie vernichtend zurück.

Tante Turica schenkt sich noch einen Cognac ein. »Verstehst du nun?«

Ich nicke: Das Bürgerliche war das Revolutionäre. Kein Wunder, hält die Stadt trotz allem daran fest. Auf die Zünfte kommen wir später noch einmal zurück. Weiter geht es mit einer Geschichte voller Widersprüche und Gegensätze: 1351 trat Zürich der Eidgenossenschaft bei, offiziell zum Schutz vor den Habsburgern, mit denen Zürich aber noch ein altes Bündnis hatte, weshalb das Verhältnis gespannt blieb und hundert Jahre später im Zürichkrieg eskalierte. Die Eidgenossen töteten den Bürgermeister Rudolf Stüssi und belagerten die Stadt zwei Jahre lang, bevor es endlich zum Friedensschluss kam. Dies erklärt vermutlich auch, warum Zürich beim Rest der Schweiz so wenige Sympathien geniesst – man kann der Stadt ihren Wankelmut bis heute nicht verzeihen. Dabei haben wir gerade ihre Sturheit bewundert. Und etwas wird klar: Es gibt kein Schwarz und Weiss hier. Nur Schattierungen von Grau. Der Farbe, in die sich die Stadt den grössten Teil des Jahres hüllt. Und es sind diese Zwischentöne, diese Widersprüche, die sie so interessant machen, so irritierend, so faszinierend. Also weiter, in relativ grossen Schritten durch die Geschichte:

Im Jahr 1476 eilte Zürich den von Karl dem Kühnen belagerten Bernern zu Hilfe. Angeführt wurden sie dabei von Hans Waldmann, der vom Schneiderlehrling zum Ritter und Bürgermeister aufgestiegen war. Durch das enge Zunftregime verminderte sich der Handel immer mehr, die Seidenindustrie verschwand ganz, Leinen- und Wollindustrie gingen zurück. Zürich wurde zu einer bescheidenen Handwerkerstadt ohne wirtschaftliche Bedeutung. Doch vierzig Jahre später wehrten sich die Weinbauern vom Zürichsee gegen die Diktatur der Stadt, und Waldmann wurde öffentlich hingerichtet.

1519 kam der Toggenburger Ulrich Zwingli nach Zürich. Er predigte im Grossmünster und leitete mit dem Wurstessen von 1522 die Reformation ein. Der überarbeitete Buchdrucker Froschauer, der zu Beginn der vorösterlichen Fastenzeit zwei Rauchwürste auftischte, konnte sich keinen Fisch leisten, und vom üblichen Mus würde er nicht satt werden. Nun waren solche heimlichen Fastenbrüche im privaten Rahmen gang und gäbe, aber Froschauer hatte, als Zeugen sozusagen, Zwingli dazu geladen. Dieser ass zwar nicht mit, aber er baute diese Würste zwei Wochen später in seine Predigt ein und machte das Fastenbrechen so zum öffentlichen Thema. Befürworter und Gegner beschimpften und verprügelten sich, Zwingli sollte gar entführt werden – die Reformation hatte es in sich!

»Ach Gott, Zwingli wird ja heute auch komplett missverstanden«, schnaubt meine Tante. »Ihr habt ja alle keine Ahnung!«

Doch auch das ist eine längere Geschichte, deshalb dazu später mehr. Hier nur so viel: Nur dank der Religionsflüchtlinge wie der reformierten Locarner und

Hugenotten, die die Textilindustrie neu belebten, konnte sich Zürich zu der Handelsmetropole weiterentwickeln, die sie heute ist.

Also – die Reformation belebte die Industrie. Die Seidenindustrie, wohlgemerkt. Wer hätte das gedacht? Im 18. Jahrhundert blühte auch an der Limmat die Aufklärung. Johann Caspar Lavater druckte seine Klageschrift »Der ungerechte Landvogt« (1762) ohne Autorenangabe und verteilte sie an die Räte der Stadt. Darin deckte er auf, dass sich Felix Grebel, Landvogt von Grüningen, schamlos bereichert hatte. Eine Ehrenkommission sprach Grebel dann auch tatsächlich des Amtsmissbrauchs schuldig. Lavater und Mitstreiter Johann Heinrich Füssli, beide aus einflussreichen Familien stammend, wurden für die freche Aktion bloss milde bestraft. Sie mussten Abbitte leisten, dann wurden sie auf eine »Bildungsreise« ins Ausland geschickt. Auch hier kann man Parallelen zu späteren Ereignissen sehen, zu den Jugendunruhen der Achtzigerjahre zum Beispiel, die sich auch mehrheitlich aus Söhnen einflussreicher Familien zusammensetzte, die sich gern ins Ausland abseilten, wenn es brenzlig wurde.

Dann hiess es Freiheit, Gleichheit, Bürgerlichkeit: Mit einer überwältigenden Mehrheit von über 40 000 gegen nicht mal 2000 Stimmen nahm das Volk die liberale Repräsentativverfassung an, die fast vier Jahrzehnte lang Industrie, Handel und Verkehr begünstigte. Sie brachte nicht nur wirtschaftlichen Aufschwung, sondern begründete auch die Bedeutung Zürichs im jungen Bundesstaat. 1834 wurde die Stadtbefestigung abgerissen, Zürich explodierte förmlich. 1850 lebten im Bezirk 41 500 Menschen. 1900 waren es schon 168 000.

Doch in den ärmeren Quartieren herrschte Elend. 1855 brach die Cholera ein erstes, 1867 ein zweites Mal aus. Damals starben 481 Menschen innert drei Monaten. Wer erinnert sich heute noch an sie? Das autoritäre wirtschaftsliberale System Alfred Eschers brach zusammen. 1869 ging Zürich zur direkten Demokratie über.

»Und das reicht für heute«, sagt meine Tante und stellt die Cognacflasche weg. Erst jetzt fällt mir auf, dass sie mir gar nichts angeboten hat.

»Bei den Reichen lernt man sparen!« Sie zwinkert mir zu.

Nun gut. Mit ein bisschen breiterem Vorwissen gerüstet und um noch ein paar Vorurteile erleichtert, gebe ich Ihrem Drängen nach und begleite Sie zur berühmten Bahnhofstrasse!

Also gut, die Bahnhofstrasse

Also gut, Sie können es nicht lassen. Die Bahnhofstrasse müssen Sie gesehen haben. »Warum?«, frage ich giftig. »Gibt es bei Ihnen zu Hause etwa keinen Apple Store, keinen H&M?« Schon gut, schon gut. Wer hat noch mal gesagt, Zürich ist eine Stadt, die man am besten vorbehaltlos geniesst? In der Snobismus alle Türen verschliesst? Stimmt ja, das war ich. Genau. Also verlassen wir den Hauptbahnhof durch den Triumphbogen und erleben schon im Gedränge auf dem Fussgängerstreifen etwas Unerwartetes: die Vielfalt dieser Stadt und ihrer Bevölkerung. Auch wenn man sie nicht mit gutem Gewissen »multikulti« nennen kann, schon gar nicht, wenn man sie mit anderen Grossstädten vergleicht. Aber selbst auf der Bahnhofstrasse trifft man eine wilde Mischung an. Bildschöne, wenn auch etwas aufgetakelte junge Damen stöckeln auf atemberaubenden Absätzen Richtung Tramhaltestelle. Ein Mann mit wildem Haar warnt vor dem Ende der Welt. Jugendliche halten ihre zu grossen Hosen fest. Hipster lausen ihre Bärte. Und ja, es gibt hellere und dunklere Hautfarben zu sehen. Wenn auch nur vereinzelt.

»Aren't there any african-americans here?«, fragt eine in ihrer politischen Korrektheit absurd falsch liegende amerikanische Touristin.

»No, Ma'am«, antwortet jemand. »Nur ein paar Afrikaner. Und ein paar Schweizer mit dunkler Haut ...«

Zum Beispiel den neuen Chef der Credit Suisse, Tidjane Thiam, der in den Medien verschämt, aber korrekt als »Franko-Ivorer« bezeichnet wird (er selbst beginnt seine Sätze oft mit »Ich als Afrikaner ...«). Also, der gross gewachsene Schwarze, der mit schnellen Schritten die Strasse überquert, könnte irgendwer sein, ein Fussballstar, ein Asylbewerber oder einer der mächtigsten Banker hier.

Bevor der Schlagabtausch der Überkorrektheit vollends entgleitet, kommt schon die nächste Kinderwagenkarawane angerollt, die die ganze Breite des Gehsteigs einnimmt. Aus dem Weg, wir haben Kinder! Während die Latte-macchiato-Mütter noch die Vor- und Nachteile eines iPad-Halters am Wagengriff diskutieren, werden sie von einer Wandertruppe energisch überholt. Rote Socken, Wanderschuhe, rot-weiss karierte Hemden. Ganz wie richtig.

Die Bahnhofstrasse wurde, wie bereits erwähnt, zum prächtigen Bahnhof hin gebaut wie ein Verbeugung, wie ein Kniefall. Als ob die Stadt gesagt hätte: »Okay, lieber, schöner, prächtiger Bahnhof, wir akzeptieren dich als unser Zentrum und richten uns ganz nach dir aus!« Der Paradeplatz wurde damals noch die »kleine Stadt« genannt, obwohl dort immerhin das Postgebäude stand.

Und Johannes Baur dort in weiser Voraussicht bereits 1838 ein Hotel eröffnet hatte. Er war natürlich an einer besseren Verbindung von und zum Bahnhof besonders interessiert. Doch finanzielle Fragen und Grundsatzdiskussionen darüber, ob der Bahnhof am bisherigen Standort verbleiben sollte, verhinderten die Verwirklichung eines ersten Projekts, das bereits 1849 realisiert werden sollte: Die »Fröschengraben-Strasse« hätte entlang der ehemaligen Stadtmauer zum Bahnhof geführt. Erst als 1854 klar war, dass der Bahnhof an seinem Platz bleiben würde, machte sich das städtische Baukollegium ernsthaft an die Planung. Die ersten Schwierigkeiten zeigten sich allerdings schon bei der Festlegung der Breite der neuen Strasse. Die Zurückhaltenden vertraten die Ansicht, hier werde sich nie ein bedeutender Verkehr entwickeln, die Gegner verlangten eine Luxusstrasse. Es gewann die grossstädtische Variante. Der alte Stadtgraben wurde eingeebnet. Seien wir ehrlich – Bahnhofstrasse klingt einfach besser als Fröschengraben...

Und nun haben wir sie, die Bahnhofstrasse, sie ist 1,4 Kilometer lang und führt vom Bürkliplatz über den Paradeplatz zum Hauptbahnhof. Oder umgekehrt. Anfangs war sie von Wohnhäusern gesäumt und entwickelte sich erst während des Ersten Weltkrieges zur Geschäftsstrasse. Heute ist sie das teuerste Pflaster in ganz Europa, die Mieten für Verkaufsflächen im Erdgeschoss betragen bis zu 15 000 Franken pro Quadratmeter und Jahr. Das muss sich auf die Preise niederschlagen. Klar. Aber wir wollen ja nichts kaufen. Wir schlendern beziehungsweise lassen uns von der Masse schieben, wir geniessen den Duft der Linden, die die Strasse seit dem ersten Tag säumen. Linden gehören einfach an die Bahnhofstrasse, befand auch das Tiefbauamt. Obwohl diese klassischen Wald- und Wiesenbäume viel Platz zum Wachsen brauchen, den es an der Bahnhofstrasse schlicht nicht gibt. Ausserdem strahlt im Sommer die Hitze von den Hauswänden, dem Asphalt und den Geleisen ab, und im Winter wird nötigenfalls sogar mehrmals am Tag gesalzen. Beinahe die Hälfte der Bäume musste 2012 grösseren Haltestellen weichen, der Rest der Bäume entwickelte im ständigen Baulärm und Staub sogenannte Stresstriebe an den Stämmen. Das Burn-out der Bäume – so weit ist es schon gekommen. Trotzdem, die Linden, die nach der Reformation erstmals entlang dem damaligen Fröschengraben gepflanzt wurden, bleiben. Weil die Bahnhofstrasse ohne sie einfach nicht denkbar ist. Gehen Sie hin, umarmen Sie einen der gestressten Bäume. Glauben Sie mir, kein Zürcher würde das tun.

Vielleicht setzen wir uns auf eine Bank oder gleich auf die Pestalozziwiese vor dem Warenhaus Globus. Der liebliche Park lädt zum Verweilen, zum Beobachten ein. Kaum zu glauben, dass hier bis 1860 öffentliche Hinrichtungen durchgeführt worden waren! Benannt ist diese kleine Oase nach dem Schweizer Pädagogen Heinrich Pestalozzi, der den ganzheitlichen Unterricht nach dem Grundsatz »Kopf, Herz und Hand« prägte. Das Denkmal auf der Wiese zeigt ihn, wie er sich gütig zu einem kleinen Jungen hinneigt. Privat hatte er weniger Glück. Seinen einzigen Sohn Hans Jakob hatte er nach dem von ihm verehrten Aufklärer Jean-Jacques Rousseau genannt und Punkt für Punkt nach den Grundsätzen der natürlichen Kindererziehung, die dieser in »Emile« beschreibt, erzogen. So wollte er ihm eine ideale Kindheit bieten. Doch dieser Versuch scheiterte tragisch – wie alle gut gemeinten Versuche dieser Art. Vielleicht hätte man Hans Jakob statt seinem Vater ein Denkmal setzen sollen – ein Mahnmal gegen die permanente Überforderung unserer Kinder, wie sie in Zürich einmal im Jahr bei den Aufnahmeprüfungen zu den städtischen Gymnasien sichtbar wird…

Oh, sorry, hab ich Ihnen den kleinen Park nun vermiest? Das wollte ich nicht! Er wird ohnehin bald erneuert, er gilt schon lange nicht mehr als zeitgemäss. Ein entsprechendes Projekt liegt auch schon seit bald zehn Jahren vor und wartet auf seine Umsetzung… So geht es hier.

Ein bisschen weiter unten, Richtung Paradeplatz, können wir uns dafür direkt auf ein Kunstwerk setzen, nämlich auf die Pavillon-Skulptur von Max Bill, dem berühmten Vertreter der Zürcher Schule der Konkreten. Auch dieses Kunstwerk war anfangs höchst umstritten. »Verschandelung der Stadt, Scheusslichkeit, Geschmacksverirrung, Hürdenlauf für Zyklopen…«, hiess es in Leserbriefen an den Tages-Anzeiger. Der Name, der blieb, war »Villa Durchzug« – charmant eigentlich. Der Künstler selbst wollte aus diesem undefinierten Strassenstück zwischen Pelikan- und Bahnhofstrasse einen Ort der Begegnung machen, eine stille Insel inmitten der Geschäftigkeit der Geschäftswelt, und brachte als Argument auch immer die 44 Sitzplätze vor – die tatsächlich von Anfang an ungeniert genutzt wurden, ganz in seinem Sinne.

Auch gegen die berühmte Weihnachtsbeleuchtung hagelte es erst einmal Proteste. »The World's largest timepiece«, eine Installation aus 275 LED-Röhren, hing gerade mal vier Jahre. Dann wurde dem Protest der Bevölkerung nachgegeben, und die ungeliebten Röhren wurden durch den traditioneller anmutenden Sternenhimmel »Lucy« (wie »in the sky with diamonds«) ersetzt. Und dann? Genau: wurde wieder gemeckert: »Disneyworld«, »Kitsch-Baldachin« und »Bling«. Philip Ursprung, Professor für moderne und zeitgenössische Kunst an der Universität Zürich, verglich in einem Artikel für ein Hochschulmagazin dieses »dekorative Hintergrundrauschen« mit einem Gutenachtlied: »Schlaf gut, Innenstadt!«

Damit passte sich der Amerikaner geradezu perfekt der Zürcher Mentalität an: Aus lauter Angst, als Provinzler erkannt, ausgelacht und übers Ohr gehauen zu werden, zeigt der Zürcher vorsichtshalber gar keine Begeisterung. Für gar nichts. »Das Meer hab ich mir aber auch grösser vorgestellt«, lautet die Pointe des einzigen Zürcher Witzes, der mir bekannt ist. So etwas kann wirklich nur einem Binnenländer einfallen!

Der Zürcher findet also grundsätzlich gar nichts gut. Aber das geht uns nichts an, wir sind ja nur zu Besuch hier. Wir lassen uns von dieser schnöseligen Haltung nicht anstecken, wir hüpfen auf und ab wie Kinder und klatschen in die Hände: »Oh, schaut doch mal, wie schön es hier ist!« Die Schaufenster der Warenhäuser sind wahre Gesamtkunstwerke. Frisches Trinkwasser sprudelt aus den Brunnen. Das Pflaster ist gefegt. Selbst die Abfalleimer an den Tramhaltestellen blitzen blank. Und weil Sie sich meine Vorbemerkungen zu Herzen genommen haben, ist es Ihnen vollkommen egal, wie Sie angeschaut und behandelt werden. So können Sie unbeschwert ein Gebäude betreten, dem die Bezeichnung »Warenhaus« niemals gerecht würde. Nicht einmal »Edelwarenhaus« würde es treffen. Nein, es ist ein

Tempel. Ein Tempel der Verschwendung, der Unvernunft, der Schönheit, der Dekadenz. Man muss ihn bei seinem vollen Namen nennen: »Grieder les Boutiques«. Lassen Sie sich das auf der Zunge zergehen, bevor sie eintreten. Hier gibt es nur schöne Dinge, erlesene Gegenstände, die keinen praktischen Zweck erfüllen, nur den, gut auszusehen. Schöne Dinge, schöne Verkäuferinnen, schöne Kundinnen. Reiche Russinnen werden gleich in ihrer Muttersprache bedient. Nur Mut, treten Sie ein, Sie wollen ja nicht wirklich etwas kaufen. Denn das würde eventuell schwierig werden. Egal wie gut Sie sich heute Morgen noch gefühlt haben, als Sie in den Spiegel schauten, diesem Ort können Sie nicht gerecht werden. Dem prüfenden Blick der Verkäuferinnen halten Sie nicht stand. Es sei denn, Sie tragen einen Kranz aus platinfarbenen Kreditkarten im Haar. Dies wäre der perfekte Ort, um die persönliche »Pretty Woman«-Phantasie, die wir alle haben, auszuleben. Aber in Ermangelung eines reichen Verehrers verzichten wir darauf und beobachten stattdessen die Klientel. Und das Personal. Wenn Sie zufällig Schriftsteller sind und unter einer Schreibblockade leiden: Hier werden Sie geholfen. Theoretisch könnte man es sich auch in der Bar gemütlich machen, die als Geheimtipp gilt, vor allem im Sommer, wenn die Terrasse geöffnet ist. Man könnte aber auch ein paar Schritte weitergehen, zum Paradeplatz, wo das Mutterhaus der Konfiserie Sprüngli steht.

Das ist sozusagen meine Kirche. Hier gehe ich in die Knie, hier sage ich Danke. Was Schokolade angeht, kenne ich nichts. Hier zeigt sich mein ganzer, ansonsten gut versteckter Chauvinismus. Für mich gibt es nur

Schweizer Schokolade, und genau genommen nur die von Sprüngli. Und nein, ich werde von der Firma nicht bezahlt!

Vor Jahren, als ich in Amerika lebte, war ich einmal zu einem Dinner in der Schweizer Botschaft eingeladen. Und da kam ich neben einen Herrn zu sitzen, auf dessen Namensschild »Sprüngli« stand. Mit einem vollkommen unschweizerischen, geradezu amerikanisch schrillen Schrei stürzte ich mich auf ihn wie auf einen verlorenen Cousin. Ich fürchte gar, ich setzte mich auf seinen Schoss. Dann kam ich zu mir. Verlegen entschuldigte ich mich bei ihm, doch er meinte grosszügig, kein Problem, das sei er gewohnt, so etwas passiere ihm im Beisein von Auslandsschweizern andauernd.

Schokolade ist Heimat. Schokolade ist ein bleibender Wert: Als ich ein paar Jahre später in Amerika verklagt wurde, konnte ich mir meinen Anwalt nur leisten, weil er mir für jede Schachtel Sprüngli-Pralinen eine Besprechung gratis gewährte.

Also, treten Sie ein, schauen Sie sich um, nehmen Sie sich Zeit. Hier werden Sie auch so freundlich bedient, dass es fast schon wieder unheimlich ist. Ich empfehle … eigentlich alles.

Im Café im oberen Stock einen Sitzplatz zu ergattern ist allerdings ein beinahe hoffnungsloses Unterfangen. Versuchen Sie es zu Randzeiten, früh morgens, kurz nach Mittag und vor dem »Zvieri«, dem Nachmittagsimbiss. Akzeptieren Sie, dass Sie dem Personal hier oben vollkommen ausgeliefert sind. Ergeben Sie sich, und befolgen Sie auf jeden Fall seine Anweisungen. Falls Sie eine Frau und über 35 sind, hüten Sie sich davor, ein »Bananen-Frappé« (Milchshake) zu bestellen. Einem sich hartnäckig haltenden Gerücht zufolge ist das der Code für »Heute leiste ich mir einen Callboy«. Bananen-Frappé ...? Nein – darüber wollen wir nun wirklich nicht länger nachdenken.

Reden wir kurz über Geld. Woran denken Sie als Erstes, wenn Sie »Schweiz« hören? An Schokolade? Uhren? Fondue? Matterhorn? Geben Sie es zu: Sie denken »Banken«. Allenfalls noch: »Bankgeheimnis«.

Dabei war die Schweiz eine eher späte und unwahrscheinliche Einsteigerin ins Bankenwesen. Indirekt haben die Glaubenskriege den Finanzplatz Schweiz gefördert, nicht nur durch die Entwicklung der Textilindustrie, sondern auch durch die Erfahrung und das Know-how der in die Schweiz geflüchteten Hugenotten, die schon länger Darlehen an Messereisende verliehen. Und doch entwickelte sich das Bankenwesen in der Schweiz im 17. und 18. Jahrhundert anders als im übrigen Europa. Der Kapitalmarkt funktionierte nicht wie in den grossen, ständig überschuldeten Königreichen, die auf Geldgeber angewiesen waren. Im Gegenteil, die Schweiz hatte zu viel Geld: So wurde die erste Bank, die Bank Leu, 1755 auf Initiative von Privatbankiers gegründet, die dieses Zuviel an Kaufkraft als inflationär wirkend einschätzten. Mit der Ausgabe von Kassenscheinen sollte die Bank Leu das Kapital im Ausland anlegen und so den Zinszerfall und die Preiserhöhung aufhalten.

Die Grossbanken kamen aber erst hundert Jahre später auf: 1856 wurde die Schweizerische Kreditanstalt (SKA) in Zürich gegründet, dann folgten die Kantonalbanken, die von der demokratischen Bewegung ausgingen. Unter dem Motto »Volksbank gegen Herrenbank« wurden lokale Bankinstitute gegründet, die auf die Bedürfnisse des Handwerks und des Mittelstands zugeschnitten waren. Die Zürcher Kantonalbank wurde schnell zu einer der stärksten Banken in der Schweiz.

Ausländische Banken liessen sich nur zögernd in der Schweiz nieder, das änderte sich erst nach dem Zweiten Weltkrieg.

Während der Weltwirtschaftskrise der Dreissigerjahre flossen grosse Mengen Fluchtgelder in die Schweiz. Die Nachbarländer gingen rigoros gegen diese Kapitalflucht vor. 1934 wurde deshalb das Bankgeheimnis im Gesetz verankert, offiziell, um ausländische Vermögen zu schützen. Und natürlich auch ganz nebenbei und aus Versehen die Banken selbst. Der Begriff »Gnomes of Zurich« wurde in den Fünfzigerjahren vom britischen Labor-Politiker Harald Wilson geprägt, der die Schweizer Banken und das Bankgeheimnis für den Sturzflug des britischen Pfundes verantwortlich machte. Erst 1962 gab der Bundesrat dem Druck jüdischer Organisationen nach und verhängte den sogenannten Meldebeschluss, der die Banken verpflichtet, nachrichtenlose Vermögen von Naziopfern zu suchen und zu melden. Allerdings nahmen sie diese Aufgabe nicht sehr ernst. Es dauerte weitere 35 Jahre, bis der Skandal um die nachrichtenlosen Vermögen eskalierte und die Rolle der Schweiz im Zweiten Weltkrieg öffentlich hinterfragt wurde. 1996 war die Schweiz gezwungen, internationale Untersuchungen zuzulassen. Jedes Mal, wenn publik wurde, dass ein Diktator wie Marcos, Mobutu Duvalier und Abacha Geld in die Schweiz geschafft hatte, litt das Image der Schweizer Banken. Doch noch 2008 behauptete der damalige Finanzminister Hans-Rudolf Merz forsch: »An diesem Bankgeheimnis werdet ihr euch die Zähne ausbeissen!«. Kaum ein Jahr später zahlte die UBS 780 Millionen Dollar an die US-Justiz und händigte ihr auch die entsprechenden Kundendaten aus, um einen Steuerskandal zu beenden. 2014 unterzeichnete auch die Schweiz die OECD-Vereinbarung zum automatischen Informationsaustausch. Das Bankgeheimnis ist tot, es lebe das Bankgeheimnis? In den letzten Jahren häuften sich die Vorwürfe gegen Schweizer Banken massiv: Geldwäsche, Steuerhinterziehung, Zinsmanipulation … Es scheint kein Ende zu nehmen. Und doch sind die Ergebnisse einer neuen Studie des Wirtschaftsinstituts BAK Basel vorsichtig optimistisch. Krise? Welche Krise?

»Krise will ich es nicht nennen, aber mit einer Vorstufe haben wir es schon zu tun«, sagt ein fiktiver, aber realitätsnaher Bankdirektor in Martin Suters Roman »Montecristo«, der laut einer Rezension in der Frankfurter Allgemeinen Zeitung auch »als Reiseführer in die feine Welt der Schweizer Hochfinanz« gelesen werden kann.

Die Bahnhofstrasse hat nur ein Ziel: Sie führt vom Bahnhof zum See. Und der See ist, was Zürich ausmacht. Der See ist meiner alten Tante grösster Schatz. Und den breitet sie einfach so vor uns aus. Er will nichts, er fordert nichts, und er kostet nichts. Der See liegt einfach da. Jeden Tag. Still und grau oder funkelnd blau. Der See gehört uns allen. Der See ist auch unser Ziel.

Sobald wir Seeluft wittern, sobald wir die Schiffssirenen tuten hören, laufen wir schneller. Ausser natürlich, am Bürkliplatz ist gerade Markttag. Dann müssen wir unbedingt kurz stehen bleiben, der Stand-up-Comedy der Marktfahrer zuhören, einen Arm voller Pfingstrosen kaufen und vielleicht einen kleinen Hecht. Wenn gerade Samstag ist, also Flohmarkt, garantiere ich für nichts mehr. Dann kann schon ein halber Tag vergehen und, Achtung: das halbe Reisebudget ausgegeben sein, bevor man wieder auftaucht. Man könnte sich auch einen letzten Abstecher in die Gefilde der Hautevolee gönnen und sich in den Garten des Nobelhotels Baur au Lac setzen. Hier ist es ruhig, die Tische stehen weit auseinander, hier kann man sich im grossen Stil erholen. Und in eine andere Zeit zurückversetzen. Als der vorausschauende Hotelier Baur, ein Österreicher, der bereits das Potenzial der »Kleinen Stadt« erkannt hatte, das Haus 1844 erbaute, empörte sich die Stadt – erkennen Sie das Muster? Erst mal alles ablehnen, genau. Was heute das Nonplusultra in Sachen »location, location, location« darstellt, nämlich ein Gebäude mit der Hauptfassade zum See zu errichten, galt damals als verrückt. Der Bau so nah am Wasser war riskant und teuer, doch Baurs Pioniergeist, den er schon mit dem Bau des »Baur en ville« an der Bahnhofstrasse bewiesen hatte, wurde wieder belohnt: Sein Haus wurde in den ersten Reiseführer über die Schweiz aufgenommen. Es war so konzipiert, dass die Herrschaften mit ihrem eigenen Personal anreisen konnten, weshalb die Zimmer im dritten und vierten Stock heute noch kleiner sind als die im ersten und zweiten. Upstairs, downstairs sozusagen – nur umgekehrt …

Weil man heute bei einem solchen Besuch leicht den Eindruck bekommen kann, Geld und gutes Benehmen schliessen sich gegenseitig aus, erinnere man sich an frühere Gäste. Unter ihnen waren namhafte Künstler wie zum Beispiel Marc Chagall, der in seiner Suite regelmässig an den Entwürfen für die berühmten Glasfenster der Fraumünsterkirche arbeitete. Dabei bekam der Spannteppich wohl einiges an Farbflecken ab. Doch dieser hängt leider nicht in einem Museum, sondern wurde nach jedem Aufenthalt des Malers herausgerissen und vernichtet … zu schade! Hier haben Thomas und Katia Mann ihre Flitterwochen verbracht. In der Hotelhalle liess sich Alfred Nobel von seiner pazifistisch eingestellten Sekretärin dazu überreden, einen Friedenspreis zu stiften, obwohl er ihre Ideale gar nicht teilte. Hätte er sich in einem weniger gediegenen Rahmen auch so leicht überzeugen lassen? Die tragische Kaiserin Sisi soll hier vorübergehend ihre Essstörungen abgelegt und einigen Champagner weggetrunken haben. Dass sie acht Monate später eine Tochter gebar, kann, muss aber nicht damit in Zusammenhang stehen. Auch Alfred Hitchcock soll den Weinkeller gewissenhaft dezimiert haben. Aber jetzt sind wir abgeschweift. Das muss der Champagner sein. Dabei haben wir doch Tee bestellt? Wie auch immer: Wir sind am Ziel. Wir sind am See.

Er will schön

Hier ein Wort über das Wetter, das in der Schweiz eine so grosse Rolle spielt, dass es als »er« personifiziert wird. So wie in: »Er will schön. Er will Regen. Er meint ja wieder nass.« Er, wer? Gott? Der Wetterfrosch? Jedenfalls nicht eine der netten Damen, die jeweils vom Dach des Fernsehgebäudes hinunter verkünden, was er mit uns vorhat. Diese sind nur sein Sprachrohr. Wie dem auch sei, das Wetter ist in Zürich ein endloses Thema und ein überpräsentes, ein alles bestimmendes. Doch eigentlich ist es ganz einfach. In Zürich gibt es gerade mal zwei Jahreszeiten: Sommer oder nicht. Acht (gefühlte) Monate im Jahr hüllt sich die Stadt in Grau. Ein elegantes, aber kaltes Hellgrau: Hochnebel liegt über der Stadt. Im wörtlichen wie im übertragenen Sinn. Mit dem ersten grauen Tag verändert sich die Atmosphäre mit einem Schlag. Die Stimmung bricht. Die ganze Stadt wird trübsinnig. Wer mehr als einen Winter hier verbracht hat, ist schon konditioniert und fällt am ersten nebligen Tag in eine mutlose Stimmung, die nicht mehr weichen will. Dieser graue Deckel, der sich im Herbst auf die Stadt senkt, den Himmel auf Augenhöhe herunterdrückt und die Stimmung noch tiefer. Bleischwer legt er sich auf die Seele. Und er bleibt so lange liegen, dass man ihn mit der Zeit gar nicht mehr wahrnimmt. Man gewöhnt sich an das matte, fröstelnde Gefühl der Gleichgültigkeit. Pünktlich mit der Winterzeit beginnen die Klagen: »Ich bin voll ins Herbstloch gefallen.« – »Ich hab jetzt schon die saisonal bedingte Depression.« Das Licht ist weg, die gute Laune auch. Wer es sich leisten kann, schlüpft unter dem Deckel hervor und fährt in die Berge, fliegt an die Sonne. Wenn man im Dämmerlicht durch die Strassen geht, sieht man in vielen Wohnzimmern nicht nur das blaue Flimmern eines Fernsehbildschirms, sondern auch den grellen Schein einer Therapielampe.

Eigentlich sind es nicht zwei Jahreszeiten. Es sind zwei Städte. Zürich im Sommer ist eine ganz andere Stadt als im Rest des Jahres. Mit nichts zu vergleichen. Denn irgendwann, meist ohne Vorwarnung, löst sich der Deckel auf, als hätte es ihn nie gegeben. Die Vögel zwitschern, der Himmel ist blau. Etwas leuchtet hell und warm bis in die tiefsten Winkel der Seele. Was ist das? Es ist die Sonne. Wir haben sie so lange nicht gesehen, dass wir sie erst gar nicht erkennen. Aber dann! Ihre Wirkung zeigt sich augenblicklich. Das meine ich wörtlich. In einem Augenblick, mit einem Wimpernschlag ist alles vergessen. Alles, was ich erzählt habe. Alles, was Sie erlebt haben. Alles, was meine Tante Turica bisher behauptet hat. Nichts hat mehr Bedeutung. Nur das Licht.

Die Sonne scheint, der Himmel ist blau, die Lufttemperatur beträgt dreissig Grad im Schatten, wie im Lied von Hildegard Knef. Und wie im Lied auch könnte die Welt am Zürichsee untergeh'n, es wäre uns egal. Es wäre uns gerade recht. Es gibt keinen anderen Ort auf der Welt, an dem man jetzt sein möchte.

Meine Tante Turica ist nicht wiederzuerkennen. Vergessen die spröde, etwas verklemmte Bürgerliche in grauem Flanell. Verschwunden die strengen Kostüme, das schwere Tuch. Jetzt darf es billig flattern und auch mal zu Boden fallen. Sie löst ihre Haare, die sich vom Seewasser kringeln. Ihre Beine sind nackt und leicht eingeölt – wo hat sie plötzlich diese sexy Bräune her? War es nicht gestern noch garstig und grau? Hat sie vielleicht einen geheimen direkten Zugang zur Sonne, den sie uns vorenthält? Aber wir fragen nicht nach, wir wollen jetzt nicht streiten. Nein, wir geniessen ganz einfach ihren Anblick. Ist sie das wirklich, die verschlossene, schlecht gelaunte Turica, die jetzt die Nächte durchmacht, die lacht, die flirtet, die auf den Tischen tanzt?

Und die Tische stehen draussen. Das ganze Leben findet draussen statt. Es wird laut geredet, viel getrunken und gelacht. Plötzlich hat die Stadt so viel mehr Platz. Es ist, als ob die Häuserzeilen rücksichtsvoll zurückgewichen wären, um den Gehsteigen mehr Platz zu gewähren. Platz für Tische und Stühle, Platz für improvisierte Partys, Nachbarschaftsfeste. Nicht nur die Lokale verschieben sich nach draussen, auch auf jedem öffentlichen Platz, in jedem Park, sogar auf den Bänken am Strassenrand sitzt man gemütlich, unterhält sich, lacht. Kinder rennen zwischen den Tischen herum und spritzen sich gegenseitig mit Brunnenwasser an – keiner schimpft. In den Siedlungen werden die Tische in den Innenhöfen zusammengeschoben, in den besseren Vierteln zieht man gleich auf die Dachterrasse. Legen Sie den Kopf in den Nacken, schauen Sie nach oben: Bunte Lichterketten ziehen sich durch die Nachtluft, sie scheinen die Hausdächer miteinander zu verbinden. Überall hört man Musik, laute Stimmen, anschwellendes Gelächter. An den Seeufern werden Filme gezeigt, auf Schiffen wird getanzt. Das dumpfe Wummern eines Open-Air-Konzertes mischt sich mit den Bongos der Kiffer am Seeufer. Überhaupt sind es nicht nur legale Düfte, die die schwüle Sommerluft schwängern, aber wen kümmert es, es herrscht Ausnahmezustand!

Zürich platzt vor Lebenslust. Zürich geht nicht mehr schlafen. Eine gewisse Dringlichkeit liegt in der Luft, die Ahnung, dass der Sommer auch dieses Jahr wieder viel zu kurz sein wird. Die Angst vor dem grauen Deckel sitzt uns im Nacken und treibt uns hinaus, hinaus, hinaus. Wir lachen lauter als sonst. Und mehr.

Alle sind gut gelaunt. Und keiner will nach Hause. Dass man am nächsten Tag früh aufstehen muss, ist kein Argument. Wer weiss, was morgen ist. Morgen ist vielleicht schon wieder Herbst.

Der See, der See, der See! (Und die Flüsse auch ...)

Zürich im Sommer ist die schönste Stadt auf der ganzen Welt – auch wenn sie nicht am Meer liegt. Was übrigens eine der ersten Forderungen der Jugendbewegung der Achtzigerjahre war: »Nieder mit den Alpen – freie Sicht aufs Mittelmeer!« Egal, Zürich hat den See. Der See ist sauber. Und gross.

Er hat die ungefähre Form einer Banane und ist rund 28 Kilometer lang – bis Rapperswil. Zusammen mit dem Obersee sind es fast 42 Kilometer. An seiner breitesten Stelle, zwischen Stäfa und Richterswil, ist er 3,85 Kilometer breit. Die tiefste Stelle liegt vor Herrliberg bei 136 Metern. Die 87,6 Kilometer seiner Ufer sind praktisch lückenlos bebaut. Das rechte Ufer wird aufgrund seiner sonnigen Lage und der, sagen wir einmal, überdurchschnittlich einkommensstarken Bewohner als Goldküste bezeichnet, während das linke Ufer, die Schattenseite, im Volksmund »Pfnüselküste«, Schnupfenküste heisst.

Thomas Mann, vielleicht der prominenteste aller Wahlschweizer und Exilanten, hat an beiden Seeufern gelebt: Von 1933 bis 38 auf der rechten Seeseite, in Küsnacht. In dieser glamourösen Seegemeinde lebt heute zum Beispiel Tina Turner, die es ausserordentlich geniesst, unerkannt einzukaufen und im breitesten Dialekt als »Frau Törner« angesprochen zu werden. Die Manns hingegen zogen weiter nach Kalifornien, wo wie sich 1944 einbürgern liessen. Die antikommunistische Hetze in der McCarthy-Ära trieb sie aber wieder in die Schweiz zurück. 1952 zogen sie erst in ein gemietetes Haus in Erlenbach an der Goldküste, bevor sie 1954 die Seeseite wechselten. Sein letztes Lebensjahr verbrachte Thomas Mann in Kilchberg an der sogenannten Pfnüselküste, wo er auch begraben ist.

Nun kann der Zürichsee natürlich auch im Winter ein Wunder sein: Er kann nämlich vollständig zufrieren. Das letzte Mal 1963, als meine Mutter mit mir schwanger war. Vielleicht deshalb habe ich das Gefühl, ich sei dabei gewesen. Fast einen ganzen Monat lang war im Februar die Eisfläche für die Bevölkerung freigegeben. Das Schweizer Fernsehen kommentierte: »So öffentlich begeben sich die Zürcher sonst nicht aufs Glatteis!«

Die »Seegfrörni« liess die Fassaden fallen, wie es sonst nur der Sommer kann: Gestandene Herren schlitterten auf dünn besohlten Strassenschuhen über das Eis und ruderten mit den Armen, aufgedrehte junge Damen liessen sich von fremden Männern im Flug auffangen, Kindern stolpern über ihre ersten »Schlyfferli«. Zwei junge Männer wagten sich auf Einrädern auf die glatte Fläche und hielten sich erstaunlich lange aufrecht. Die Seepolizei patrouillierte auf Schlittschuhen und protokollierte gewissenhaft das »entsprechende Gelächter« des Publikums, wenn Polizisten auf dem Eis ausrutschten – und das eigene, als »unser Chef mit dem Motorschlitten in einer Kurve seitlich kippte und dabei den mitfahrenden Polizeivorstand auslud!«.

Aber jetzt ist es Sommer. Und Zürich zeigt seine wahre Identität als Wasserstadt.

Brunnen, aus denen man trinken, Seen, Flüsse, Bäche, Weiher, in denen man baden kann. Wasser überall. In der Stadt Zürich stehen insgesamt 1200 Brunnen, von historisch bis hypermodern, an denen man sich jederzeit gratis mit einem Schluck klaren Wassers erfrischen kann. Und auch der See ist so sauber, dass man ihn trinken kann. Das war nicht immer so. Noch um 1970 war er so schmutzig, dass ab einer Tiefe von zehn Metern ewige Nacht herrschte. Doch dank strenger Gewässerschutzgesetze und massiver Investitionen in Abwasserreinigungs- und Aufbereitungsanlagen wurde er wieder so klar, wie ihn die Natur geschaffen hat. Dass wir Zürcher heute Wasser aus dem Zürichsee trinken, ist die direkte Folge einer Typhusepidemie im Jahr 1884, die von verunreinigtem Limmatwasser ausgelöst wurde. Innert kürzester Zeit wurden 1600 Menschen krank, 160 überlebten die Seuche nicht. Die Stadt beschloss, das Wasser zukünftig aus dem See zu beziehen, und baute eine Wasserleitung durch den Schanzengraben bis zum Sihlquai. Dort stand Zürichs erstes Wasserwerk. Als Zürich grösser wurde und mehr Wasser brauchte, wurde vor hundert Jahren an der Stadtgrenze in Wollishofen das Seewasserwerk Moos gebaut. Das Seewasser wird damals wie heute aus dreissig Meter Tiefe in den Rohwasserschacht gepumpt und dann über eine Druckleitung in das Seewasserwerk befördert. Dort durchläuft es die zwei Stufen der ökologischen Filtration. Das Wasser sickert immer langsamer durch immer feinkörnigeren Sand, bis es in bester Trinkwasserqualität herauskommt. Diese ganze Prozedur dauert ungefähr acht Stunden. Zusätzlich zur Filtration wird das Wasser mit Ozon behandelt. Das Trinkwasser wird mehrmals geprüft, bevor es in die Leitungen fliesst, nicht zuletzt von Fischen in Aquarien. Die empfindlichen Tiere zeigen die Wasserreinheit in absoluter Unbestechlichkeit an. Und wenn wir schon bei den Fischen sind: Im Zürichsee fischen zurzeit neun Berufsfischer, einer davon auf Stadtgebiet. Sie beliefern Restaurants und Märkte nicht nur mit dem Edelfisch Egli, sondern auch mit Felchen, Hechten, Brachsen, Karpfen und Schleien.

Ich weiss, Sie würden am liebsten gleich reinspringen in das klare Wasser, vielleicht sogar (verbotenerweise) von der vielbefahrenen und -begangenen Quaibrücke hinunter, wie das junge Männer als Mutprobe seit Jahrzehnten, wenn nicht Jahrhunderten tun. Aber ein bisschen Geduld. Der See läuft Ihnen nicht davon. Nähern wir uns ihm langsam. Befahren wir ihn erst einmal mit dem Schiff. In den Sommermonaten ist das Verkehrsaufkommen auf dem Zürichsee gewaltig; Schwimmer, Taucher, private Wasserfahrzeuge und Kursschiffe müssen sich den Platz teilen. Im Kanton Zürich sind fast 12 000 private Wasserfahrzeuge zugelassenen. Einen Bootsanlegeplatz zu haben ist das ultimative Statussymbol – weil der praktisch unmöglich zu bekommen ist. Aber ehrlich gesagt, wer braucht schon ein eigenes Boot und den damit verbundenen Ärger, wenn einem die ganze Flotte der Zürichsee-Schifffahrtsgesellschaft zur

Verfügung steht? Diese besteht aus zwei Raddampfern, der *Stadt Zürich* und der *Stadt Rapperswil*, zwölf Motorschiffen und drei Limmatbooten. Die Fahrt mit einem Kursschiff reisst einen zuverlässiger als jeder Yogakurs aus dem gehetzten Tempo des Alltags, es muss ja nicht unbedingt die hochmoderne (und, Sie ahnen es, bei der Bevölkerung umstrittene) *Panta Rhei* mit ihren riesigen Panoramafenstern sein, hinter der sich die kamerabewaffneten Touristengruppen drängen. Ein einfaches Limmatboot oder Kursschiff tut es auch. Manche Angestellten, die in den Seegemeinden wohnen, pendeln im Sommer mit dem sehr viel langsameren Schiff in die Innenstadt. Dazu müssen sie zwar früher aufstehen, kommen dafür aber umso entspannter am Arbeitsplatz an. Vor allem, wenn auf dem Frühschiff auch Gipfeli (Hörnchen) und Kaffee serviert wurden. Und in der Mittagspause gibt es kaum etwas Besseres als ein Pedalo zu mieten, ein Tretboot – wenn möglich eins mit Rutschbahn. Und dann mitten auf dem See sein Sandwich zu essen, von den Wellen der Kursschiffe sanft geschaukelt. Nicht mehr Teil der Flotte ist natürlich die gute alte *MS Helvetia*, die Michael von der Heide im Lied besingt. Das alte Dampfschiff war 1959 auf Grund gelaufen und ausrangiert worden. Ich weiss nicht, warum, aber dieses Lied rührt mich jedes Mal zu Tränen: Ohne grosse Hoffnung auf Einlass, weil es ja keinen Heldentod gestorben ist, sondern einfach entrümpelt wurde, steht das alte Schiff an der Himmelspforte. Doch Petrus sieht das anders, geht zur Telefonkabine und ruft »den Chef« an. Dieser meint, die Helvetia solle nur kommen, aber auf die »Herren von Zürich« sei er wild: »So *dummi Cheibe* für welche Sachen grad den

Wert verlieren/sobald sie finanziell nicht mehr rentieren ...« Die MS Helvetia tuckert also ins Paradies, wo sie von vielstimmigem Tuten empfangen wird und »alle Schiffe, die im Himmel schwommen, die hiessen die Helvetia willkommen!« Da ist es dann zuverlässig jedes Mal um mich geschehen ...

Aber genug der Sentimentalitäten! Springen wir ins Wasser. Für die meisten Zürcher ist der tägliche »Schwumm« im See oder im Fluss unverzichtbar. Vor der Arbeit, in der Mittagspause, nach Feierabend sowieso. In jeder Handtasche steckt ein Bikini, in jeder Aktentasche ein zusammengerolltes Badetuch. Die Freizeit findet sowieso nur noch im und am Wasser statt, aber auch das Berufsleben wird, wo immer möglich, nach draussen verlagert. Die Seepromenade wird zum Sitzungszimmer, Herren im Anzug sitzen auf den Holzbänken, die Hosenbeine des Anzugs hochgekrempelt, die bleichen Füsse im Wasser – und in ernsthafte Diskussionen vertieft. Wundern Sie sich ebenfalls nicht, wenn Sie auch Beamte im Passbüro, Streifenpolizistinnen oder Billettkontrolleure im Tram mit nassen Haaren und einem unverschämten Grinsen im Gesicht antreffen. Im Sommer herrschen andere Regeln. Die Förmlichkeit wird abgelegt.

Die meisten Zürcher haben ihre »Stammbadi«, ihre Lieblingsbadeanstalt, auf die sie schwören und der sie treu bleiben – bis sich ihre Lebensumstände verändern. Mit kleinen Kindern ist man im Mythenquai nun mal besser aufgehoben als im Oberen Letten. Es gibt aber auch in allen Seebädern die Garde der Lebenslänglichen. Die seit Jahr und Tag herkommen, ihre Liegestühle immer am selben Platz aufstellen, immer zur selben Zeit dasselbe essen. Sie haben eine Saisonkarte und nutzen sie jeden Tag, Wetter hin oder her. Sie sind die heimliche Kontrollinstanz jeder Badi. Wagen Sie es ja nicht, Ihre Tücher in ihrer Nähe auszulegen! Die Alteingesessenen sorgen gutschweizerisch für Ordnung, scheuen sich nicht, abgelenkte Mütter, kleine Kinder und selbst renitente Teenager zur Ordnung zu rufen. Sie haben sogar erreicht, dass neben dem neuen, schicken, vegetarischen Buffet im Mythenquai auch ein Bratwurststand eröffnet wurde: »Ohne Bratwurst ist das nicht mehr unsere Badi!«

Doch als Besucher, als Durchreisender, als Fremder geniessen Sie das Privileg, sich nicht festzulegen, sich promisk an beiden Seeufern zu bewegen und zwischendurch auch in den Fluss zu springen. Nur zu, probieren Sie sie alle aus: Jedes einzelne der acht Strand- und drei Flussbäder hat seinen eigenen Reiz. Und auch die sieben Freibäder sind nicht zu verachten. Das einzige, was auch Sie bei aller Gelassenheit nicht ignorieren können, ist die Geschlechtertrennung. Der Versuch, die sogenannte Frauenbadi zu entern und allenfalls einen Blick auf ein Paar nackte Brüste zu erhaschen, gehört wohl zum Ritus des Erwachsenwerdens jedes männlichen Zürchers, scheitert aber seit der Eröffnung 1888 zuverlässig.

Ursprünglich wurde die Anlage als »zweckmässige Badeanstalt für das weibliche Geschlecht« gebaut, war aber nicht zum Schwimmen, sondern für die Körperpflege gedacht. Das orientalisch angehauchte Bad mit seinen verspielten Eckpavillons war damals streng abgeschirmt. Ein Dach und Holzwände schützten die Frauen vor neugierigen Blicken, nahmen ihnen aber auch das traumhafte Panorama mit Altstadt, See und Alpen. Mittlerweile ist das Dach weg, und vor dem Pavillon sonnen sich Frauen mitten in der Stadt auf einem Ponton im See – einige auch oben ohne. Was ausser ein paar von der Quaibrücke hinüberlinsenden Teenagern niemanden interessiert. Erst wenn sich am Abend die Frauenbadi in die Barfussbar verwandelt, dürfen auch Männer rein. Der Name kommt daher, dass man am Eingang die Schuhe ausziehen muss, denn ein Gentleman latscht ja nicht in seinen Strassenschuhen über die Liegeflächen der Damen. Hier, in dieser ganz speziellen Atmosphäre, finden regelmässig Konzerte und auch Lesungen statt. Und hier und nur hier kann es einem auch passieren, dass man bei einem Auftritt mit einer Ente, die sich im leeren Becken tummelt, um die Aufmerksamkeit des Publikums buhlt. Und gerade, wenn sich die Zuschauer an ihren Anblick gewöhnt haben und sich wieder der Bühne zuwenden, hüpft sie an Land, schüttelt sich frech und watschelt dann in dieser aufreizenden Langsamkeit derer, die sich der atemlosen Aufmerksamkeit des Publikums sicher sind, zwischen den Stuhlreihen hindurch – und hat die Lacher auf ihrer Seite. Welcher Hollywoodstar hat noch mal gesagt, es sei künstlerischer Selbstmord, mit Kindern oder Tieren aufzutreten?

Die »Männerbadi«, die etwas versteckt am Schanzengraben im Schatten der alten Stadtmauer liegt, funktioniert nach demselben Prinzip: Tagsüber sind nur männliche Schwimmer zugelassen, aber abends verwandelt auch dieses Bad sich in eine Bar, das »Rimini«.

Im Seebad Utoquai sonnt man sich nach Geschlechtern getrennt, trotzdem ist dies eine der grössten Flirtzentralen der Stadt. Flirten? In Zürich? Ja, sag ich doch:

Im Sommer ist alles anders. Man wechselt bedeutungs-volle Blicke von einer Sonnenterrasse zur anderen, man geht betont langsam zur Leiter, lässt sich lasziv ins Was-ser gleiten oder gibt mit einem eleganten Kopfsprung an. Intensiver Blickkontakt und dann ein geplant-unge-plantes Treffen auf dem Floss ein bisschen weiter draus-sen ... Oder ein zufälliges Aneinander-Vorbeischwim-men in den klaren Fluten, bei dem sich die Körper unter Wasser beinahe, aber doch nicht ganz berühren ...

Allerdings darf man sich von der unheimlichen Per-fektion der Körper, die sich hier präsentieren und die direkt aus einer der umliegenden Schönheitskliniken zu kommen scheinen, nicht einschüchtern lassen. Jünger, cooler, aber nicht weniger beeindruckend in ihrer Attraktivität ist die Szene am Flussbad Oberer Letten. Aber auch wenn Sie die unausgesprochene Alters- und Gewichtsgrenze, die in diesen Bädern herrscht, längst überschritten haben, muss Sie das nicht kümmern, denn Sie ziehen ja wieder weiter. Und überhaupt: Je mehr Zeit man im Wasser verbringt, desto weniger geht einen das an. Schwimmen im Fluss ist ein unglaublich beglü-ckendes Erlebnis – weil man eben nicht schwimmen muss. Der Fluss trägt einen, reisst einen mit. Man legt sich auf den Rücken, schaut in den Himmel, der für einmal blau strahlt, man lässt sich treiben.

Im Flussbad Au-Höngg, das auf der Werdinsel zwi-schen der Limmat und einem Seitenkanal liegt, muss man die zum Teil recht starke Strömung auszutricksen wissen. Links halten ist hier die Devise, damit man das Geländer an der Treppe erwischen kann und wieder aus dem Wasser findet. Wenn nicht, muss man das vorsorg-lich angebrachte Stahlseil packen und sich aus eigener

Kraft ans Ufer ziehen. Hier treffen sich auch die, die eine kurze Mittagspause und eigentlich gar keine Zeit zum Schwimmen haben – eine kleine Runde im Kanal geht immer.

Bei so viel frischem Wasser in freier Natur lockt einen das chlordurchsetzte Element der Freibäder nicht unbedingt. Trotzdem sind auch sie einen Besuch wert, zum Beispiel das Freibad Letzigraben, das vom Schriftsteller (und Architekten) Max Frisch entworfen wurde und auch eine kleine Ausstellung über den grössten Schweizer Schriftsteller der neueren Zeit zeigt.

Das Angebot vieler Zürcher Badis geht weit über das zu Erwartende hinaus. Sie bieten Massage und Wellness an, Yogastunden und Barfusstanzkurse. Das Seebad Enge am Mythenquai lockt mit der bekannten Sauna am See. Auf dem Campingplatz Wollishofen kann man sogar in noblen Hotelzelten direkt am Ufer übernachten – allerdings (Sie erraten es) zum Ärger der Dauergäste.

Wer es sportlich mag, kann an der Seeüberquerung teilnehmen. Diese Stadtzürcher Tradition wird seit 1985 jährlich durchgeführt – oder fast. Viermal musste das Event wegen schlechten Wetters abgesagt werden, zuletzt 2014. Der Sommer ist nicht nur kurz hier, er ist auch unberechenbar. Doch im Rekordsommer 2015 waren es wieder fast 9000 Teilnehmer, die bei strahlendem Sonnenschein die 1, 5 Kilometer von der Badi Mythenquai zur Badi Tiefenbrunnen schwimmend zurückgelegt haben. In Gruppen von je Tausend wird gestartet, es kommt schon mal zum Seewassersuper-GAU. Fremde Füsse treten einen ins Gesicht, Hände verhaken sich mit den eigenen, man wird getreten und geschubst. Obwohl es keine offizielle Zeitmessung gibt, wollen viele ihren persönlichen Rekord knacken. Erst in der Mitte des Sees wird es ruhiger, das Feld zieht sich auseinander, und für einmal muss man nicht aufpassen, dass man keinem Kursschiff in die Quere kommt und einem kein Motorboot über den Kopf fährt.

Gemütlicher geht es beim Limmatschwimmen zu, das ebenfalls jährlich durchgeführt wird. Hier wird von der Frauenbadi aus gestartet, die an diesem Tag ausnahmsweise auch für Männer geöffnet ist. Die 4200 Eintrittskarten – mehr Schwimmer sind aus Sicherheitsgründen nicht zugelassen – sind immer innert Stunden weg. Man – ja, heute auch »Mann« – klettert in der Frauenbadi ins Wasser, hält sich an seinem aufblasbaren Schwimmtier fest (2014 war es zum Beispiel eine Schildkröte die, ganz unter uns, eher wie ein junger Alligator aussah) und lässt sich von der zuweilen beachtlichen Strömung bis zum Flussbad Oberer Letten treiben. »Zu gewinnen gibt es dabei nichts. Wer als Erster ankommt, ist selbst schuld!« Wer es nicht lassen kann, nimmt ein halbes Jahr später am »Samichlaus-Schwimmen« teil, das nur von der Schifflände bis zur Frauenbadi führt – 111 Meter – dafür im Dezember. Die Teilnehmer tragen dazu Nikolausmützen; und letztes Jahr hielten sie ein Transparent hoch, auf dem »Sommer ist für Warmduscher!« stand. Ob sie damit bewusst an die Schwimmdemo aus dem »heissen Sommer« von 1980 erinnern wollten, bei der die Demonstranten ebenfalls im Fluss treibend Transparente hochhielten, ist nicht sicher. Dafür strafte sie das Schicksal am Ziel: Die Duschen in der Frauenbadi waren nicht benutzbar.

Warmduscher hin oder her, wir katapultieren uns sofort in den Sommer zurück. Denn jetzt kommt das

Beste: Sie müssen gar keine Stammbadi haben! Sie können auch einfach ins Wasser springen, wann immer Sie die Lust nach einem »Schwumm« im See überkommt, zu jeder Tages- und Nachtzeit, und überall. Das Seeufer ist fast überall zugänglich, und die Zürcher selbst nutzen diese Möglichkeiten intensiv. Wer es sich leisten kann, fährt mit dem eigenen Boot hinaus. Kinder und Jugendliche springen gern verbotenermassen von Brücken in die Limmat und lassen sich einfach durch die Stadt treiben.

Ach, und noch etwas: Wenn Ihnen auf dem Bürkliplatz ein Elefant entgegengerannt kommt, dann ist das keine Fata Morgana. Solange das Tier nicht rosa ist, müssen Sie sich nicht fragen, ob Sie zu viel von dem gerade aktuellen Sommerdrink genossen haben, der sich jedes Jahr ändert und dann dafür aber flächendeckend serviert wird. Man kann also davon ausgehen, dass er, wenn Sie dieses Buch in der Hand halten, nicht mehr Hugo heisst und auch nicht Aperol Spritz. Item, wenn der Elefant nicht rosa ist, dann sind Sie nicht betrunken, sondern der Zirkus ist in der Stadt. Wahre Geschichte: Vor ein paar Jahren ist eine Elefantenkuh des Zirkus Knie ausgerissen, um im See zu baden. Weil der übliche Standplatz, der Sechseläutenplatz am Bellevue, gerade umgebaut wurde, schlug der Nationalzirkus seine Zelte auf der Landiwiese auf. Dort wurde wegen der vielen Glasscherben im Gras auf das traditionelle Bad nach der Vorstellung verzichtet. Aber das liess sich Sabu nicht bieten: Die vier Tonnen schwere Elefantendame riss sich los und lief schnurstracks in Wasser. »Sie badet halt gerne«, sagte ihr Pfleger schulterzuckend. Als sei es das Normalste der Welt – und das ist es auch. Das versteht in Zürich jeder.

Allerdings hatte sich, als Sabu aus dem Wasser kam, schon eine aufgeregte Menschenmenge am Ufer angesammelt. Die Elefantenkuh bekam es mit der Angst zu tun und haute ab. Sie rannte beinahe durch die ganze Zürcher Innenstadt, ein Weg, der ihr vom sogenannten »Elefantenapero« bekannt war. Kurz bevor sie den Paradeplatz erreichte, wurde sie allerdings eingefangen und mit einem Traktor zur Landiwiese zurücktransportiert. Und Sie dachten, in Zürich passiere nichts Aufregendes? Dann waren Sie noch nie im Sommer hier. Selbst Goethe soll bei seinem Besuch in Zürich nackt in den See gesprungen sein.

Das Schönste aber ist, nach einem verzauberten Abend in einem Gartenrestaurant oder nach einem Open-Air-Konzert spätnachts oder frühmorgens am Seeufer entlang nach Hause zu spazieren, die Schuhe in der Hand zu tragen, den Abend ausklingen lassen. Die Nachtluft ist mild, man redet immer weniger, und plötzlich bleibt man stehen und schaut sich an. »Sollen wir noch …?« Nein, nicht »zu mir oder zu dir?«, sondern »in den See?«, lautet die unausgesprochene Frage, die man immer und unbedingt mit Ja beantwortet.

Ja, das geht in Zürich: die Kleider ausziehen, am Ufer ablegen, splitterfasernackt ins Wasser springen oder besser noch gleiten. Ins Wasser, das um diese Zeit dieselbe Temperatur hat wie die Nachtluft und einen sanft empfängt. Der See liegt still und glatt wie Samt. Die Kursschiffe und Motorboote, die tagsüber Wellen werfen, schlafen. Man schwimmt so weit hinaus, wie man will, mit jedem Zug wird man wieder wacher, frischer. Mitten im See legt man sich auf den Rücken und schaut nach oben: Die Nacht ist klar, der Himmel voller Sterne.

Und ich verspreche Ihnen, wenn Sie zurückkommen, sind Ihre Kleider noch da, die Sie am Ufer hinterlegt haben. Da gilt ein ungeschriebener Code, der die Rechte der Spontanschwimmer schützt. Was nicht heisst, dass es in Zürich nicht auch Kriminalität gibt. Und bei aller urbanen Hipness auch Anwärter auf einen Eintrag im Verzeichnis der dümmsten Verbrecher. So wurde einer meiner Söhne einmal überfallen, als er »es mit Kollegen am Seeufer hängte«. Was das bedeutet, können Sie sich ja vorstellen. Dabei wurden sie von zwei Jugendlichen, wenig älter als sie selbst, mit Messern bedroht und ihrer Handys entledigt, die hier Natel heissen – kurz für »Nationales Auto Telefon«. Jedenfalls steckten die Diebe die Telefone ein und forderten dann, wie Diebe das so tun: »Geld her!«. Gehorsam stand mein Sohn auf, um seine Brieftasche aus der hinteren Hosentasche zu nehmen. »Hab ich etwa gesagt, du darfst aufstehen?«, rief der Dieb und fuchtelte mit dem Messer. Also setzte mein Sohn sich wieder hin, und die Diebe hauten ab – ohne Geld.

Das soll Sie nicht erschrecken. Aber auch nicht dazu verführen, die Schweiz einmal mehr zu verniedlichen und etwas von »Verbrecherli« zu murmeln. Ich meine nur: Es gibt einen Ehrencodex, aber der betrifft nur die Badenden. Solange Sie sich im Wasser aufhalten, gehört die Welt Ihnen. Und jetzt in dieser lauen Sommernacht, mitten im stillen, dunklen See, unter den Sternen – gerade jetzt in diesem Moment gibt es keinen schöneren Ort auf der ganzen Welt.

Grüezi? Nein danke!

Bitte nicht. Tun Sie es nicht. Versuchen Sie sich nicht am Schweizerdeutschen. Nicht einmal am Grüezi. Schon gar nicht am Grüezi – jedenfalls nicht, solange es als »Grützi« ankommt. Einer der ersten von vielen Verhaltensratgebern für Deutsche in der Schweiz veröffentlichte den schönen, in seiner Widersprüchlichkeit an ein Zen-Koan erinnernden Rat: »Versuchen Sie sich nicht am Schweizerdeutsch, bevor Sie es perfekt beherrschen!« Diese in ihrer widersprüchlichen Sturheit typisch schweizerische Haltung verwirrt vor allem die hier lebenden Deutschen. Einer von ihnen erklärte, wie die Hälfte der Zürcher ihm raten, nicht Schweizerdeutsch zu sprechen, weil es »gruusig« klinge. Vom Rest bekomme er vorgeworfen, er wolle sich nicht richtig integrieren: »Ja, was denn jetzt?«

In jedem anderen Land mögen sich die Ureinwohner freuen, wenn der Besucher sich die Mühe macht, sich in der Landessprache auszudrücken. Und wenn es nur

»Bitte« und »Danke« ist. Oder eben »Guten Tag«. Nicht in der Schweiz. Nicht wir. Bei uns ist alles ein bisschen komplizierter.

Vor ein paar Jahren war ich zu einem Festival für Schweizer Literatur eingeladen. Das Festival hatte den originellen Titel – Sie erraten ihn? Richtig: »Grüezi«. Und im Verlaufe dieser Tage wurde es auch bis zur Erschöpfung bemüht, das Grüezi. Deutsche Redner sprachen es mutig vor Publikum aus und gestanden dann, es mit Tonband geübt zu haben. Zuhörer baten die Gäste aus der Schweiz, es auszusprechen, und fragten nach seiner tieferen Bedeutung. Und jedes Mal, wenn ich versuchte zu erklären, was es mit diesem Grüezi auf sich hat, wurde mir wieder bewusst, wie komplex alles ist. Bei uns. In unserem kleinen Land. »Grüezi« sagen nämlich längst nicht alle Deutschschweizer – eigentlich die wenigsten. Es sind vor allem die Nord- und Ost-Deutschschweizer, die das sagen und die deshalb von den anderen als »Grüezine« bezeichnet werden. Von den anderen, die selbst lieber »Grüessech« sagen. Die Endung »-ech« steht für das gemütliche, vertrauliche »Euch« – Grüss Euch. Im Gegensatz zum »-zi«, verkürzt für die Höflichkeitsform »Sie«. »Grüsse Sie« versus »Grüss Euch« also. Das »Grüezi« mit dem hellen, harten »’zi« klingt ja auch mehr wie ein Befehl. Und von daher sehr zürcherisch. Zu viel Information? Es kommt noch schlimmer. ... An diesem Punkt hatte ich das Festivalpublikum in Nürnberg jedenfalls schon abgehängt. Da kamen sie nicht mehr mit. Es fiel ihnen schon schwer genug, zu glauben, dass die Sprache, in der ich mich an sie wandte, kein *Schwyzzertütsch* war, sondern Hochdeutsch mit schwerem Akzent. Dabei gebe ich mir wirklich Mühe. Aber ich kann es nun mal nicht besser. Da geht es mir nicht anders als allen anderen Schweizern: Wir lernen Englisch und Französisch und Italienisch, nur mit dem Deutsch tun wir uns schwer. Dem richtigen Deutsch. Hochdeutsch. Der Sprache, in der wir lesen, schreiben und unterrichten. Und Nachrichten hören.

Eine Leserbriefschreiberin hatte eine pragmatische These dafür, dass in der Deutschschweiz die Mundartdebatte derart hochkocht: »Das Problem ist halt, dass die meisten Schweizer kein richtiges Deutsch können. Woran das wohl liegt?«

Zum Beispiel an der Initiative, die 2011 durchsetzte, dass in Zürcher Kindergärten Schweizerdeutsch gesprochen wird und nicht Hochdeutsch. Zum Beispiel an Lehrern wie Herrn Meister, der mich von der ersten bis zur dritten Klasse unterrichtete. »Wir sind Schweizer, und das soll man auch hören«, sagte er. Das war ja gerade mein Problem: Ich war keine Schweizerin. Ich bin nur in der Schweiz geboren und aufgewachsen. In einem kleinen Vorort, der damals noch ein Dorf war. Meine Mutter war Schweizerin, mein Vater jedoch Deutscher. Bis zu meinem neunten Lebensjahr hatte ich deshalb einen deutschen Pass, was damals eine schwere Schande war. Doch in diesem Punkt war Herr Meister sehr sensibel. Wenn es um Erhebungen und Statistiken ging, bat er mich immer vor die Tür, zusammen mit dem Sohn einer unverheirateten Mutter. Damit wir diese Schande nicht vor der Klasse aussprechen mussten. Ich habe keinen Vater. Ich habe einen deutschen Vater.

Das war an sich schon schlimm genug, aber es hätte sich dank Herrn Meisters Rücksichtnahme verheimlichen lassen – wenn ich nicht so komisch gesprochen hätte. Meine Eltern sprachen nämlich Hochdeutsch miteinander, auch meine Mutter, eine ausgebildete Schauspielerin ganz ohne Schweizer Akzent. Natürlich war Schweizerdeutsch schnell dazugekommen, sonst hätte ich die Kinder in unserer Strasse nicht überlebt, aber eben, ich behielt gewisse Eigenheiten bei. So verwendete ich zum Beispiel in einem Aufsatz das deutsche »kehren« statt dem helvetischen »wischen«, was mir prompt als Fehler angestrichen wurde. Hochdeutsch ist in der Schweiz Unterrichtssprache, was laut Herrn Meister aber nicht hiess, dass man wie Deutsche zu klingen hatte. Wer nicht hören will, muss fühlen: Er trieb mir den Schweizer Akzent mit dem Holzlineal auf die Finger aus. Und mit Erfolg: Heute kann ich meine erste Sprache, meine Vatersprache, nicht mehr akzentfrei sprechen und offensichtlich auch nicht schreiben. Heute streicht mir die Lektorin die Helvetismen an, die Herr Meister mir so mühselig beigebracht hat. Denn auch ein Schweizer Verlag will seine deutschen Leser nicht mit Ausdrücken wie Portemonnaie oder Trottoir verwirren. Ja, ich weiss: das ist Französisch. Ich sagte ja, es ist kompliziert.

Nicht, dass ein falscher Eindruck entsteht: Herr Meister war keinesfalls Rassist. Wenn eines der wenigen Gastarbeiterkinder, die damals, Ende der Sechzigerjahre, in unserer Klasse sassen, von den Schweizern ausgelacht wurde, weil es etwas nicht verstanden hatte, stellte er den Unterricht nahtlos auf Italienisch um – und lachte die Schweizer aus. Nein, Herr Meister war nicht fremdenfeindlich – er mochte nur die Deutschen nicht. Das ist etwas ganz anderes.

Und es hat mit dem Zweiten Weltkrieg gar nicht so viel zu tun. Obwohl die Kinder damals gern »Nazischwein« hinter mir herriefen, wenn ich wieder einmal »Butter« gesagt hatte statt »Anke«. Dass ich den Rat meiner Mutter befolgte, mal zurückzufragen, wer denn den »J-Stempel« eingeführt hatte, der es einfacher machte, Juden an der Grenze abzuweisen, *wer-eli-wer?*, machte mich natürlich auch nicht beliebter.

Nein, diese Abneigung der Deutschschweizer gegen die Deutschen und vor allem auch gegen ihre Sprache reicht viel weiter zurück. Die Abgrenzung von Deutschland ist ja sozusagen der Boden, auf dem die alte Eidgenossenschaft gewachsen ist. Dabei ging es im 14. Jahrhundert erst einmal gegen die Fürsten wie etwa die Habsburger. Damals wäre es den Eidgenossen nicht eingefallen, sich vom Deutschen Reich loszusagen. Doch der politische Konflikt wurde im Schwabenkrieg Ende des 15. Jahrhunderts zur Frage der ethnischen Zugehörigkeit. Als der Kaiser die faktische Selbstständigkeit der Eidgenossen zu brechen versuchte, hetzten die Schweizer gegen die »Sauschwaben«, während sie von den Süddeutschen als »Kuhschweizer« beschimpft wurden. Alemannen waren beide, ein wahrer »ethnischer« Gegensatz bestand also nicht.

Umso passionierter wurde auf dem, seien wir mal ehrlich, ja nur leicht unterschiedlichen Akzent bestanden. Und das ist bis heute so geblieben – wenn überhaupt, hat sich die Kluft zwischen Schweizerdeutsch und »Hochdeutsch« noch vertieft. Denn in den letzten 600 Jahren haben die Schweizer Minderwertigkeitsgefühle entwickelt, wie sie für die Konstellation grosser Bruder – kleiner Bruder typisch sind.

Und die sitzen nun mal tief. In der Sprache entzünden sie sich daran, dass Deutsche meist wortgewandt und schnell sind, ihre Sprache perfekt beherrschen und so diese Minderwertigkeitsgefühle verstärken. Ebenfalls tief in der Schweizer Seele verankert ist die Angst davor, sich lächerlich zu machen, blossgestellt zu werden. Da ist es natürlich auch Salz in die offene Wunde, wenn uns Deutsche immer wieder loben, wie leicht verständlich unser »Schwyzzertütsch« klingt, wenn wir in Wirklichkeit schon lange Hochdeutsch sprechen. Wir wollen nicht niedlich sein. Wir wollen ernst genommen werden. Und deshalb antworten wir einem Touristen immer auf Englisch, nie auf Deutsch. Warum?

Weil wir uns für unseren Akzent schämen, den wir gleichzeitig stolz und trotzig verteidigen. In diesem Widerspruch liegt der Schlüssel zur Schweizer Seele: »Grad z'leid nöd!« werden wir »schönes« Deutsch sprechen! Dieser Trotz erklärt vielleicht auch den grossen Erfolg von Schweizer Mundartliteratur wie dem mehrfach preisgekrönten und erfolgreich verfilmten Bestseller von Pedro Lenz, »Der Goalie bin ig«, der erst nach seinem Erscheinen und nicht etwa von Autor selbst ins Hochdeutsche übersetzt wurde. Auch wenn der Roman nicht in Zürich spielt: lesen! Schon damit Sie verstehen, wo neunzig Prozent der Stadtzürcher herkommen. Wovor sie davonlaufen.

Ob dieser Trotz aber auch die Tatsache erklärt, dass die meisten Hipsterlokale gutbürgerliche schweizerdeutsche Namen wie »Frau Gerolds Garten« oder »Huusmaa«, »Franzoos« oder gleich »De Schwiizer« tragen und ausserdem eingerichtet sind wie eine Alphütte des Schweizer Alpenclubs beziehungsweise das Zimmer, das

Grossmutter damals unter Tränen im städtischen Altersheim bezog, weiss ich nicht. Es mag auch an der viel beschworenen Ironie liegen, die die Hipster mangels echter Leidenschaften zu ihrem Lebensgefühl erkoren haben. Aber was weiss ich schon über Trends und Zeitgeistphänomene; ich bin schliesslich ein »altes Guetsli«. Also weiter in dem Versuch, Ihnen unseren Dialekt zu erklären.

Keine Angst, es wird noch viel komplizierter: Denn das ist erst die Grundlage, auf der das Verständnis für die verschiedenen Dialekte wachsen kann. Erinnern Sie sich an »Grüezi« versus »Grüessech«?

Am besten stellt man sich die Schweiz als ein kleines Schubladenmöbel vor. Eine schöne, etwas behäbige Kommode mit vier Schubladen für die vier Landessprachen: Deutsch, Französisch, Italienisch und Rätoromanisch. Diese letzte Schublade ist die mit dem verwirrendsten Inhalt, aber da es hier um Zürich geht, ziehen wir die gar nicht erst auf, sondern nur die oberste, die grösste, die deutsche. Und was finden wir in dieser Schublade? Fünf weitere Schubladen, für den Basler, den Berner, den Zürcher, den Innerschweizer und den Ostschweizer Dialekt. Diese fünf Schubladen haben wiederum ihre eigenen Unterschubladen, welche wiederum unterteilt sind … Und so weiter, und immer so weiter. Wie beim Mann mit dem hohlen Zahn. Ganz genau.

Oh – und oben auf der Kommode stehen zwei Schmuckschatullen für den Bündner und den Walliser Dialekt, die komplett ausser Konkurrenz existieren. Aber da man die in Zürich eher selten hört, lasse ich auch diese Schmuckkästchen ungeöffnet.

Ich habe Freunde, die von einem Umzug im Grund-schulalter bleibende Narben davongetragen haben. Beziehungsweise von den daraus resultierten gnadenlo-sen Hänseleien. Für die Art, wie sie sich ausdrückten. Auf einer Strecke von neun Kilometern kann sich ein Dialekt markant verändern. Und der Zuzügler wird unschwer als »fremder Fötzel« erkannt.

Mein Vater übrigens musste im Verlauf des Einbür-gerungsverfahrens einen schweizerdeutschen Satz aus-sprechen. »Vreni, heb d'Schnurre«, sagte er. Vreni, halt's Maul. Und bekam den roten Pass. Mit Anbiederung und Schmeicheleien kommt man in der Schweiz nicht weit.

Selbst angenommen, ein Deutscher lerne akzentfrei Schweizerdeutsch – welchen Dialekt hätten wir denn gerne? Den Zürcher, einfachheitshalber, weil hier die meisten Deutschen leben? Keine gute Idee, denn dieser Dialekt ist der unbeliebteste von allen. Wie Joachim Ringelnatz in seinem Gedicht »Zürich« schreibt: »… und ihr Sprechen klang mir einst wie Schnarchen«.

»Züritüütsch isch eifach schöööön«, heisst es hinge-gen trotzig in einem Lied der Schweizer Kultband für Kinder, Schtärneföifi. »Kkkkccchhhheini kkkkkcccchh-hhratzt im Hals so schöööön…« Die Wahrheit ist, dass kein Schweizer Dialekt so verpönt ist wie die breite, arrogant näselnde, halskratzende Zürcher Variante. Das weiss ich, weil ich sie selbst spreche. Einmal hat sich ein Radiohörer darüber beklagt, ein Bergbauer. Er höre morgens im Stall beim Melken immer den staatlichen Sender SRF 1, schrieb er. Besonders gern die »Morgen-geschichten«, die von den Autoren selbst vorgelesen wer-den. Aber immer, wenn diese Milena Moser an der Reihe sei mit ihrer unerträglichen »Zürischnurre«, dann weigerten sich seine Kühe, Milch zu geben! Das tut mir natürlich leid. Aber man kann seinen Dialekt nun mal nicht ablegen. Selbst wenn man es wollte.

Und der Dialekt ist nur die Spitze des Eisbergs. Der Dialekt steht stellvertretend für alles, was den Zürchern vorgeworfen wird. Diese haben nämlich ein massives innenschweizerisches Imageproblem. Sie gelten als besserwisserisch, arrogant und schnöselig. Zu cool für ihr eigenes Wohl? In einer Studie, die den Beliebtheitsgrad der Schweizer Kantone ermittelte, lag Zürich für niemanden überraschend an letzter Stelle. Die Pressemitteilung titelte frech: »Die Zürcher sind die Deutschen der Schweiz!«

Die Tüütschen kommen!

Neulich hatte ich einen seltsamen Traum. Es war wieder Fussballweltmeisterschaft, und die Deutschen hatten gewonnen! Das Finale war, was mich im Traum noch nicht einmal erstaunte, in meinem Garten ausgetragen worden, oder vielmehr in meinem ehemaligen Garten. Ich träumte, dass ich schlief und aus dem Schlaf gerissen wurde von vielstimmigem Gesang. Das ganze Viertel schien mitzusingen. »Deutschland, Deutschland über alles!« Ja, ich weiss natürlich, dass das nicht die deutsche Nationalhymne ist, es war ein Traum! Und im Traum schreckte ich auf und dachte erst: Was ist denn los? Ach so … die Deutschen haben gewonnen … aber warum singen denn alle … Und dann wusste ich es wieder: Ach so, stimmt ja, die Deutschen sind wir!

Und dann wachte ich wirklich auf, und es war Morgen. Die Weltmeisterschaft lag allerdings auch schon wieder ein Weilchen zurück. Und um zu merken, dass es in diesem Traum gar nicht um Fussball, sondern um die Deutschen ging, musste ich nicht extra den Geist von Sigmund Freud beschwören.

»Die Deutschen sind wir« – wie bitte? Und damit wären wir auch schon beim Unthema des Jahrzehnts: Die Deutschen haben Zürich erobert! Ich habe mir ja eigentlich geschworen, mich aus dieser ganzen medial aufgebauschten Diskussion über die Deutschen in Zürich, und ob die Zürcher sie mögen oder nicht, herauszuhalten – und jetzt tu ich es eben doch, denn ich will ja nicht noch davon träumen.

Die Deutschen in der Schweiz, speziell in Zürich, füllen seit Jahren die Zeitungsseiten. Die Stadt Zürich hat 404 783 Einwohner, davon sind 129 134 ausländische Staatsbürger/-innen aus 169 Nationen. Die mit Abstand grösste Gruppe bilden mit 32 830 Personen die Deutschen – die zweitgrösste aus Italien ist nicht mal halb so umfangreich. So weit die Zahlen von 2014. Die Deutschen sind sichtbar, sie sind vor allem hörbar. Auf der Strasse, im Tram, beim Einkaufen. Sie kommen nicht, wie andere Gastarbeiter, um unseren Dreck wegzufegen. Sondern sie nehmen gehobene Positionen ein. In den Medien, in Krankenhäusern und an Universitäten. In Schweizer Krankenhäusern sind vierzig Prozent der Assistenz- und Oberarztstellen durch deutsche Mediziner besetzt, das Schweizer Gesundheitswesen ist auf die Deutschen angewiesen. Und doch heissen wir sie nicht willkommen. Im Gegenteil, wir vergraulen sie. So scheint es, denn die Deutschen stellen gleichzeitig auch die grösste Auswanderungsgruppe.

Vor ein paar Jahren entwickelte sich die Suche nach einem neuen Professor am Institut für Publizistikwissenschaft und Medienforschung an der Universität Zürich zum kleinen Skandal. Nachdem in den Medien bekannt wurde, dass »nur« deutsche Kandidaten zur Wahl standen, wurden sowohl die Kandidaten wie auch die Mitglieder des Berufungskomitees mit Schmähbriefen eingedeckt. Das nahm derartige Ausmasse an, dass die Universität vorläufig darauf verzichtete, die Stelle zu besetzen. Zu viel Drama! Daraufhin warnte der Deutsche Hochschulverband seine Mitglieder in einem Rundschreiben vor Schikanen an Schweizer Universitäten. »Offenbar gibt es eine verbreitete Furcht vor Überfremdung«, sagte der Geschäftsführer des Verbandes in einem Interview. Darauf weise er die Verbandsmitglieder hin, wenn sie sich für einen Lehrstuhl in der Schweiz bewerben. »Sie müssen mit Widerständen rechnen, weil viele Schweizer das Gefühl haben, die Deutschen überschwemmen ihr Land.«

Historisch gesehen ist das falsch. Im Jahr 1912 lebten mehr als 42 000 Reichsdeutsche in Zürich, das entsprach 21,2 Prozent der damaligen Zürcher Gesamtbevölkerung. Heute sind es vergleichsweise bescheidene acht Prozent. Die gescheiterten Aufstände in Deutschland führten zu mehreren Auswanderungsschüben in die Schweiz. In ihren ersten Jahren ab 1833 waren alle ordentlichen Professuren an der Universität Zürich mit Deutschen besetzt. Und schon damals sorgte dieser Umstand für Missstimmung. Martin Müller, der ein Buch über die Zürichdeutschen von damals verfasst hat, bestätigt, dass die deutschen Einwanderer bei der Schweizer Bevölkerung damals ganz ähnliche Reaktionen provozierten wie heute. Man sah wohl ihre Leistung, man anerkannte (wenn auch zähneknirschend) ihre Kompetenz, gleichzeitig fühlte man sich genau davon in den

Schatten gestellt. Und gleichzeitig von ihrem forschen Auftreten, ihrer direkten Art überrumpelt. Ein altes Problem also. Und durchaus ein gegenseitiges. Denn obwohl Schweizer Supermärkte unterdessen deutsche Artikel von Schwarzbrot bis Weisswurst über süssen Senf im Sortiment führen, fühlen sich die Deutschen hier nicht wirklich willkommen. Die Vorstellung, auswandern zu können, ohne einen Kulturschock zu erleiden, »Emigration light« sozusagen, stellte sich als Illusion heraus. Achtung: Die Schweizer sind vollkommen anders, als die Deutschen sie sich vorstellen.

»Viele Deutsche sehen in Schweizern eine Art verschärfte Schwaben. Was Deutsche nicht kapieren, ist schlicht, dass die Schweiz nicht Bestandteil Deutschlands ist. Deutsche wissen eigentlich nichts über die Schweiz, aber Schweizer wissen recht viel über Deutschland.« So der Schweiz-Korrespondent der Süddeutschen Zeitung, Wolfgang Koydl. Der nach kurzer Zeit hier schon sein eigenes Buch über die Schweiz verfasste, wie das Korrespondenten nun mal gerne tun. Unterdessen gibt es ebenso viele Bücher von Deutschen, die ihre Landsleute auf die Macken der Schweizer vorbereiten sollen, wie solche von Schweizern, die den deutschen Einwanderern den Tarif durchgeben. Mit wenig Erfolg offenbar. Die fehlenden sozialen Kontakte sind immer wieder ein Thema. Die Schweizer sind kein Volk mit offenen Armen, die Zürcher erst recht nicht. Die wollen erst mal sehen, mit wem man es zu tun hat. Und trotz der Nähe, der Verwandtschaft, selbst der sprachlichen, ist die Art der Kommunikation eine vollkommen andere. Die Schweizer fühlen sich von den nassforschen, direkten Deutschen überfahren, diese empfinden die vorsichtige, abwägende Art der Schweizer als kalte Zurückweisung. Mit der grossen Einwanderungswelle von 2008 wuchs auch das Unterstützungsangebot in Form von Selbsthilfegruppen und Internetforen. Unterdessen werden auch die zahlreichen Rückwanderer umworben. Deutsche Firmen drücken im Stellenanzeiger der Neuen Zürcher Zeitung die Heimwehtaste: »Denkst du an Deutschland in der Nacht …?« Eine gross aufgezogene Informationsveranstaltung unter dem Motto »Return to Bavaria«, komplett mit Bier und Weisswürsten, war schon 2011 sehr gut besucht. Das Ja der Schweizer zur Masseneinwanderungsinitiative am 9. Februar 2014 schürte die Ressentiments. Und plötzlich dreht die Stimmung wieder. Politiker warnen, dass der Schweiz ein Fachkräftemangel drohen könnte, wenn wir die Deutschen vertreiben. Und selbst die Boulevardzeitung Blick, normalerweise nie um einen deutschenfeindlichen Kommentar verlegen, fragte plötzlich bange: »Haben sie die Schnauze voll von uns?«

Aber, ganz unter uns, ich glaube, diese Massenflucht aus der Schweiz ist genauso aufgebauscht worden wie ein paar Jahre zuvor die Mär von der deutschen Besetzung unserer grössten Stadt. Es sind genau diese unausgesprochenen, uneingestandenen, unreflektierten Emotionen, die uns mit unserem »grossen Bruder« verbinden, die die Deutschen mehr zum Medienthema werden lassen als andere Ausländergruppen. Ich kann mir ehrlich gesagt nicht vorstellen, dass Einwanderer anderer Nationalitäten nicht unter denselben Schweizer Eigenheiten leiden wie die Deutschen. Nur wird das weniger publik. Wie auch? Diese haben ja selten die Wahl, in ihr Land zurückzukehren. Wenn sie es könnten, würden sie es vielleicht auch tun. Aber selbst wenn, könnten sie ihrer Enttäuschung wohl kaum mit flammenden Abschiedsartikeln Luft machen wie zum Beispiel der ehemalige Auslandsredakteur der NZZ, Christoph Plate, der nach zwei Jahren die Schweiz verliess: »Wir haben die Schweizer Neutralität immer mit Liberalität verwechselt. Einmal im Land, merkten wir, dass der Bünzli regiert. Dieses Land ist voller Beamter, die gar keine Beamten sind.« Sein Essay mit dem Titel »Nix wie weg« rief empörte Reaktionen hervor, dabei hat »unser« Max Frisch ja fast wörtlich dasselbe gesagt. Aber das ist natürlich etwas anderes.

Wie tief diese gegenseitigen Ressentiments sitzen, auch nach Jahren und Jahrzehnten, machte mir neulich diese Szene in einem vollbesetzten Zürcher Tram kurz nach Feierabend wieder bewusst.

»Noch ein Wort, und es gibt was!«

»Nur zu! Das wollen wir doch erst mal sehen!«

Es war einer dieser unheimlichen Momente, in denen eine alltägliche Situation blitzschnell eskaliert. Eine Bemerkung gibt die andere, die Stimmen werden lauter, und plötzlich knistert es gefährlich. Gewaltbereitschaft hängt spürbar in der Luft, kurz davor, sich jeden Moment zu entladen. Die Umstehenden oder in diesem Fall Sitzenden treten innerlich einen Schritt zurück, wenden den Blick ab. Nur nicht reagieren. Nur nicht riskieren, diese lodernde Wut, die die Atmosphäre erfüllt, auf sich zu ziehen.

Draussen war es kalt und grau. Der Abend dämmerte unbemerkt herauf, es war den ganzen Tag nicht richtig hell geworden. Hektisch herumtelefonierend wurden die nächsten Stunden geplant und wieder umgeplant.

Kinderwagen und Einkaufstaschen verstellten den Weg. Und dann »chlöpfte« es eben.

Aber es waren keine glattgesichtigen Jungs in tiefhängenden, viel zu grossen Hosen, die aufeinander losgingen, auch nicht der unrasierte Betrunkene, der anfing zu pöbeln, nein, es waren zwei winzig kleine, wohlfrisierte, weisshaarige Damen, die die achtzig weit hinter sich gelassen hatten. Ihre Körper nahmen nicht mehr viel Platz ein, ihre Bewegungen waren zittrig, doch ihre Wut loderte ungehemmt und stark genug, um einen ganzen Tramwagen verstummen zu lassen. Angefangen hatte es damit, dass die eine Dame den Platz neben sich mit ihren Taschen belegte. Die zweite Dame forderte sie, zugegeben etwas forsch, auf, diesen Sitz freizugeben. Das tat die erste nur widerwillig. Missbilligend presste sie die Lippen zusammen. Schwer liess sich die andere auf den Sitz fallen. »Das macht man nicht, Sitze belegen«, sagte sie vorwurfsvoll, und die erste Dame explodierte. Aus dem Stand, ohne Anlauf oder Vorwarnung:

»So jetzt aber kein Wort mehr, kein Wort, das geht Sie doch überhaupt nichts an!«

Schockiert schaute ich auf und gleich wieder in mein Buch. Woher dieser Hass? Kannten sich die beiden Damen? Waren sie alte Freundinnen, die sich zerstritten hatten, vielleicht sogar Schwestern? So viel Hass, dachte ich, kann doch nur persönlich sein. Aber nein. Er schien einfach da zu sein und auf einen Vorwand zu warten, auszubrechen.

»Natürlich geht mich das was an, das ist verboten, das stand in der … gerade stand es in der Zeitung, nämlich, wer zwei Sitze belegt …« Die zweite Dame war so ausser sich, dass sie keinen Satz mehr zu Ende formulieren konnte. Der Hass, der ihr entgegenschlug, schien sie vorübergehend ausser Gefecht zu setzen. Doch dann stellte sich heraus, dass in ihr ein mindestens ebenso starkes Ressentiment loderte. Man sagt, ältere Damen seien unsichtbar, würden von der Gesellschaft nicht mehr wahrgenommen. Diese beiden Damen widerlegten das vehement. Wir alle hatten Angst vor der einen mit den vielen Einkaufstüten und ihrer ungezügelten Reaktion. Wir würden uns hüten, sie zu unterschätzen. Wir bewunderten den Mut der anderen, die den freien Sitzplatz eingefordert hatte − bis sie mit diesem leichten, aber unverkennbaren Akzent einer Deutschen, die schon lange genug hier lebt, um nur noch über Worte wie »Schtuubsauger« zu stolpern, sagte, das sei doch wieder mal typisch für die freche Schweizer Art, zwei Sitze für sich allein zu beanspruchen. Da schlug die Stimmung sofort und spürbar um.

Das geht gar nicht! Dass eine Deutsche sich über die Schweizer Art auslässt! Wo doch jeder weiss, dass es die Deutschen sind, die zwei Plätze beanspruchen, sei es symbolisch oder real! Die Deutschen sind es doch, die im Befehlston schnarren: »Ich krieg einen Cappuccino!«, statt: »Könnte ich bitte einen Cappuccino kriegen?« Natürlich ist die Frage rein rhetorisch, auch der Schweizer Gast geht davon aus, dass er bekommt, was er will. Und er reagiert nicht etwa grosszügiger, wenn ihm etwas nicht passt − nur nicht so direkt.

»Solche wie Sie haben uns gerade noch gefehlt! Gehen Sie doch dahin zurück, wo sie herkommen!«

Da konnte eine vierzig oder fünfzig Jahre in der Schweiz leben, hier gearbeitet und eine Familie grossgezogen haben – sie blieb die Deutsche. Und so definierte sie sich auch selbst. Die alte Dame interpretierte die Stimmung im Tramwagen richtig und stieg bei der nächsten Station aus.

Die einen gehen, die anderen bleiben. Hoffentlich lange genug, um die Erfahrung meines Vaters zu bestätigen, der immer sagte: »Es dauert schon gut fünfzehn Jahre, bis man hier Freunde hat. Dann allerdings hat man sie für immer!«

Zurück zu meinem Traum: Wenn ich noch mal genau darüber nachdenke, komme ich zum Schluss, dass es sehr wohl um Fussball geht. Schliesslich konnte man am Tag nach dem grossen Sieg der deutschen Nationalmannschaft über die Brasilianer zum ersten Mal öffentlich positive Bemerkungen über die Deutschen hören. Vor allem aber hat den Schweizern, die sich ja selbst gern für demütig und bescheiden halten, gefallen, wie sich die Deutschen nach dem Sieg verhielten. Wie sie auf das übliche Siegesgeheul und Triumphtanzen verzichtet und dafür die weinenden Brasilianer in die Arme genommen haben. »Momoll! Schon!«

»Schon« ist die kürzeste, aber ehrlichste und direkteste Bestätigung, die unser Dialekt anzubieten hat. Dies nur nebenbei. Jedenfalls, an diesem Tag hätte man tatsächlich denken können, dass die Schweizer, allen voran die Zürcher, die Deutschen langsam in ihr Herz geschlossen haben. Und es war absolut folgerichtig, dass diese Schneeschmelze vom Sport ausgelöst wurde, vom sportlichen Verhalten der anderen. Kein Schweizer, der dafür keine Achtung hat! »Die Deutschen sind wir« – an diesem Tag war das tatsächlich wahr.

Die Schattenseiten des Sommers

Einen Nachteil hat der Sommer in Zürich: Er ist die Saison der Volksfeste. Zwischen der »Street Parade«, dem »Dörfli-Fäscht«, »Tropical Caliente«, »Longstreet Carnival«, der »Zurich Pride« und dem alle drei Jahre stattfindenden »Züri-Fäscht« wird es manchmal doch recht eng. Und laut. Wer Menschenansammlungen nicht mag, kann im Sommer in Zürich schon mal Platzangst bekommen. Das wäre dann der richtige Moment für einen kleinen Ausflug ins Grüne. Denn das gibt es hier auch, das Grüne.

Man steckt sich »Masse und Macht« von Elias Canetti in den Picknickkorb und fährt zum Beispiel auf den Uetliberg. Wobei der an einem Sommerwochenende auch nicht wirklich ein Hort der Ruhe und Einsamkeit ist. Dafür liegt er im Herbst auf 871 Metern über Meer zuverlässig über der Nebelgrenze. Im Jahr 1840 wurde das erste Gast- und Kurhaus Uetliberg eröffnet. Kurz nach der Eröffnung stürzte der Bergsteiger, Naturforscher und Zürcher Armensekretär Friedrich von Dürler nach dem Besuch des Gasthauses beim Abstieg zu Tode. Was genau er im Wirtshaus konsumiert und ob das Konsumierte zu seinem tödlichen Sturz beigetragen hatte, ist nicht überliefert. Aber der Dürlerstein beim heutigen Gasthaus Uto Kulm erinnert heute noch an ihn. In den Achtzigerjahren gab es eine alternative Freiklettergruppe, in die man nur aufgenommen wurde, wenn man den Aussichtsturm ohne Hilfsmittel erklimmen konnte. Ja, inklusive der überhängenden Plattform!

Den autofreien Uetliberg erreicht man von der Bergstation der Bahn in zehn Minuten zu Fuss. Der Planetenweg führt von da zur Felsenegg, wo man dann mit der einzigen Luftseilbahn im ganzen Kanton Zürich nach Adliswil hinuntergondeln kann. Von der Stadt aus gibt es verschiedene Wanderwege, zum Beispiel den »Denzlerweg«, der vom Albisgüetli in ziemlich gerader Richtung zum Gipfel führt. Er verdankt seinen Namen dem Bäcker Denzler, der auf diesem Weg jeden Morgen frische Brötchen ins Hotel auf dem Gipfel gebracht hat. Die Zürcher nehmen ihr Frühstücksgebäck ernst, das sieht man hier wieder sehr schön. Im Winter werden die Wanderwege als Schlittenwege genutzt.

Der Uetliberg ist auch immer wieder Gegenstand von (Sie wissen schon, was jetzt kommt, richtig): Kontroversen. Die Fahrbewilligungen für Anwohner und Wirte auf dem grundsätzlich autofreien Gelände sind seit 1930 ein Thema. In den letzten Jahren machten vor allem die Baubewilligungen für Aussichtsterrassen und Nebengebäude Schlagzeilen. Alles ganz normal also. Für Zürich.

Nun gut, wir suchen Ruhe. Ob wir sie hier finden? Mitten im Sommer? Von Lenin heisst es, er sei während seiner Zürcher Zeit gern auf dem Uetliberg im Gras gelegen und habe Schokolade gegessen. Ganz ehrlich, ich weiss nicht, wo er das getan haben könnte. Wenn es auf dem Uetliberg einen friedlichen Flecken gibt, auf dem man sich einfach hinlegen kann, dann kenne ich ihn nicht.

Natürlich könnte man auch mit dem Tram Nummer 5 oder 6 Richtung Zoo fahren und bei der Kirche Fluntern aussteigen. Im Tram kann man noch ein bisschen lesen. Ich schwör Ihnen, das Folgende ist mir passiert, als ich als junge »Buchhändler-Stiftin« (Azubi) im Tram sass und Canetti las – nicht »Masse und Macht«, mich interessierten schon damals die Lebensgeschichten mehr als die Theorien, also vermutlich »Die gerettete Zunge« oder »Die Fackel im Ohr« –, ich sass also und las und blickte nur ab und zu kurz auf, damit ich meine Haltestelle nicht verpasste. Und da stand am Kunsthaus ein kleiner Mann auf und ging an mir vorbei zur Tür. Im Vorbeigehen warf er einen Blick auf das Buch in meinem Schoss. Ich schaute auf, und er war es, Elias Canetti selbst. Viel kleiner, als ich ihn mir vorgestellt hatte – das sind grosse Männer immer. Zerbrechlich und stolz zugleich, einen unglaublichen weissen Haarschopf auf dem Kopf, sehr elegant. Ich hob nur leicht das Buch an, sodass er den Umschlag erkennen konnte, und lächelte. Er liess sich nichts anmerkten und stieg aus. In der Welt, in der ich damals lebte, umgeben von Buchhändlern und Book Nerds, war das ungefähr so, als hätte ich George Clooney getroffen. Immer wieder musste ich erzählen: »Wie hat er ausgesehen? Was hat er gesagt?« – »Nichts.« – »Was hast du gesagt?« – »Auch nichts.« Die wichtigsten Begegnungen spielen sich meist in der Phantasie ab.

»Masse und Macht« habe ich später auch gelesen, um zu verstehen (oder mir eine brauchbare Entschuldigung dafür zu verschaffen?), warum ich an den Demonstrationen der Achtzigerjahre, der Bewegung »meiner« Generation, nicht teilgenommen hatte.

Canettis Obsession mit dem Thema begann nämlich auch an einer Demonstration, an der er 1922 anlässlich der Ermordung Walther Rathenaus teilgenommen hatte. Fünf Jahre später hatte er in Wien den Massenaufruhr vor dem brennenden Justizpalast miterlebt. Was ist eine Masse? Warum geht von einer Masse eine Faszination aus, der man sich als Einzelner kaum entziehen kann? Wie bildet sich eine Masse, und welchen »Gesetzmässigkeiten« folgt die eigentlich chaotische Menschenansammlung? Canetti nannte den emotionalen Prozess, der sich innerhalb der Masse abspielt, »Entladung«. Er glaubte auch, dass Menschen neben den Grundbedürfnissen nach Essen, Trinken und Zuneigung auch einen Massentrieb besitzen. Canetti kommt zum Schluss, dass das Individuum in der Masse seine gesellschaftlichen Zwänge ablegt. Soziale Unterschiede werden nivelliert, in der Masse erfährt man wirkliche Freiheit – nicht nur im positiven Sinn. Diese These, besonders die der Nivellierung der sozialen Unterschiede in der Masse, wurde am Züri-Fäscht von 2013 sehr schön belegt, als es nach dem Feuerwerk auf dem General-Guisan-Quai zu einem Menschenstau kam. Während gut einer Stunde war die Masse gefangen, quetschte und drückte in alle Richtungen, nichts ging mehr. Kinder schrien, Frauen weinten. »Wir hatten Todesangst«, gaben auch Männer später zu. Doch die Situation lief glimpflich aus. Nur wenige verletzten sich beim Versuch, den Zaun in den

Garten des Nobelhotels Baur au Lac zu erklimmen. Der Sicherheitsdienst und die Polizei öffneten schliesslich die Tore, und die verzweifelten Festbesucher strömten in den vornehmen Garten, wo sie von Hotelangestellten betreut wurden.

»In Zürich habe ich die glücklichsten Jahre meiner Jugend verbracht«, schrieb Elias Canetti in seiner Autobiografie. Er war elf Jahre alt, als seine Mutter 1916 aus Wien mit ihm nach Zürich zog. Anfang der Siebzigerjahre kehrte er mit seiner zweiten Frau und seiner Tochter nach Zürich zurück, wo er bis zu seinem Tod 1994 eher zurückgezogen, aber, wie es heisst, glücklich lebte. Auf dem Friedhof Fluntern liegt er begraben. Auf eigenen Wunsch in der Nähe von James Joyce. Therese Giehse liegt auch da. Und Kurt Früh, der Filmemacher.

Aber auf dem Friedhof darf man kein Picknick veranstalten. Also weiter auf der Suche nach Ruhe – instinktiv bewegt man sich höher, weg von der Masse. Man könnte die Dolderbahn nehmen, die Fahrt ist ohnehin ein Erlebnis. In knapp sechs Minuten überwindet man auf der 1328 Meter langen Strecke eine Höhendifferenz von 162 Metern, das entspricht einer Steigung von rund neunzehn Prozent und führt zu einem Ohrendruck, als würde man im Flugzeug sitzen. Aber es lohnt sich. Das Dolder Grand, wie es heute heisst, hat eine bewegte Geschichte. Der Grundstückspekulant und Gastwirt Heinrich Hürlimann, Immobilienspekulant und Gastwirt, kaufte Ende des 19. Jahrhunderts am damals noch nicht so begehrten Zürichberg heimlich billige Grundstücke zusammen. Dort eröffnete er im Sommer 1893 das Aussichtslokal »Waldhaus Dolder«, das nur mit einer eigenen Drahtseilbahn erreicht werden konnte.

Der Anklang, den es fand, war ebenso gross wie überraschend, sodass der Spekulant gleich noch ein Luxushotel dazustellte. 1899 wurde das »Dolder Grand Hotel & Curhaus« eröffnet. Die Kritiker verhöhnten es als »Prototyp des Kitsches« – Jacques Gros, derselbe Architekt, der das Waldhaus gebaut hatte, hatte das Hotel im sogenannten »Schweizer Landhausstil« entworfen, der allerdings allen Nörglern zum Trotz damals sehr beliebt war. Und so war auch das Hotel gleich ein durchschlagender Erfolg, nicht nur bei den »gehobenen« Gesellschaftsschichten, die dort bis heute Bälle und Veranstaltungen durchführen. Es zog von Anfang an auch internationale Stars an, von Thomas Mann, Winston Churchill und Sophia Loren bis zu Roger Federer und Leonardo DiCaprio.

Auf der Terrasse des Dolder Grand verliebte sich der damals 75-jährige Thomas Mann in den neunzehnjährigen Kellner Franz Westermeier, den er in seinen Tagebüchern hingerissen beschrieb (»Welch hübsche Augen und Zähne! Welch charmierende Stimme!«) und der ihm als Vorbild für den Hochstapler Felix Krull diente. Das Rührende an dieser Geschichte ist, dass Westermeier erst vierzig Jahre später, als diese Tagebücher veröffentlicht wurden, von der Amour fou erfuhr, die er inspiriert hatte. Er hatte keine Ahnung gehabt. Abgesehen davon, dass Mann ihm immer heimlich ein Trinkgeld zusteckte, damit er es nicht abliefern musste, sei er ihm nie »in irgendeiner Weise nahegetreten«. So viel Zurückhaltung sieht man heute nur noch selten.

Der Unternehmer Urs Schwarzenbach übernahm das Hotel 2001 und liess es für 440 Millionen Franken renovieren. Für den Neubau liess er den britischen Stararchitekten Norman Foster, der unter anderem die Millennium Bridge in London entworfen hat, per Helikopter aus Sankt Moritz einfliegen. Während des Umbaus war das Haus vier Jahre lang geschlossen. Alle nach 1899 errichteten Gebäude wurden entfernt, das historische Hauptgebäude restauriert, und die Fassade wurde vollständig in den Ursprungszustand von 1899 zurückgesetzt. Zusätzlich wird das Hauptgebäude jetzt von zwei modernen Flügeln umgeben. Unterhalb des alten Gebäudes wurden zwei Stockwerke zugefügt, die unter anderem eine luxuriöse Wellnessanlage beherbergen. Das neu eröffnete Spa soll denn auch wirklich grossartig sein, habe ich gehört. Aber man muss es sich leisten können. Heute ist das Dolder Grand mehr denn je ein Hafen der Reichen, Schönen und Berühmten. Da diese etwas protzige Art als zutiefst unschweizerisch wahrgenommen wird, berichten die Medien seither mit einem leicht hämischen Unterton, zum Beispiel über den »Dirnenmord im Dolder« – na ja, die Alliteration ist aber auch wirklich unwiderstehlich! Das könnte direkt der Titel eines der unzähligen Kriminalromane sein, die in Zürich spielen und die ich Ihnen ein bisschen später vorstellen werde. Vielleicht ist die Geschichte aber auch zu einfach: Ein frustrierter Exbanker erwürgt in seiner Luxussuite die Prostituierte, die er regelmässig dort getroffen hat. Er schafft sie im Kofferraum nach Hause an die Goldküste und bewahrt sie neun Tage in seinem Weinkeller auf, bevor er gestellt wird. Nein, die Geschichte von Thomas Mann und seinem Kellner ist viel besser!

Natürlich steigt die durchreisende Prominenz nach wie vor hier ab. Ob man George Clooney im Grand Hotel Dolder antrifft oder nicht, ich weiss es nicht und auch nicht, ob man heute immer noch ungestört draussen auf der Terrasse sitzen kann. Ich war nämlich schon lange nicht mehr dort. Jahrzehnte ist es her, dass ich eine sterbende Bekannte im nahen »Lighthouse« besuchte und mich nach diesen Besuchen auf der Terrasse des Dolder Grand mit einem dekadenten Eisbecher wieder davon überzeugte, dass ich noch lebte. Was ich immerhin weiss, ist, dass man vom Dolder aus in drei Schritten im Wald ist. Und wenn man sich rechts hält, kommt man auf den Adlisberg, den etwas wilderen Zürichberg. Hier kann man sich im Wald verlaufen, vergessen, dass man sich auf Stadtboden befindet. Hier ist man auch an einem Sonntagnachmittag mitten im Sommer noch manchmal allein. Und wenn man Glück hat, kommt man hier so radikal vom Weg ab, dass man sich plötzlich in der Zauberwelt der Kinder wiederfindet. In einer Lichtung hängt ein Strick von einem starken Ast, er ist mit weichem Kunststoff überzogen, eine einfache Schaukel. Etwas weiter weg baumelt ein Kletterstrick mit dicken Knoten. Und irgendwo hat jemand eine Traumkapsel aus Zweigen gebaut, ein wabenartiges, mehreckiges Gebilde ohne sichtbaren Eingang, ein Versteck für Zwerge. Das waren die Kinder vom Waldkindergarten – und ihre Väter, nehme ich mal an. Um solche Bauwerke fertigzustellen, braucht man Väter. Mit endloser Geduld. Ich suche immer noch den Eingang, versuche, in die Wabe aus Ästen und Zweigen zu schlüpfen, es gelingt mir nicht, die Lücken im Geflecht sind zu schmal, oder ich bin zu gross. Ich denke an meine Kindergärtnerin Fräulein Stutz, die ich sehr geliebt habe. Mit ihren langen, dunklen Haaren fand ich sie sehr elegant. Ich sass gern auf einem Stuhl in ihrer Nähe und hörte den Geschichten zu, die sie erzählte. Im Wald waren wir nie. Das stimmt nicht: Im Wald waren wir oft, aber immer ohne Erwachsene, verbotenerweise. Die grosse Strasse durften wir eigentlich nicht überqueren. Doch unsere Hütten waren nie so zauberhaft. Vielleicht, weil sie nie fertig wurden.

Ich gehe weiter, stosse auf eine Feuerstelle in einem Sitzkreis aus Baumstümpfen. Ich stelle mir die Kinder vor, die hier sitzen, essen, spielen, die Eltern, die Betreuer. Die Erwachsenen, die hier zu Kindern werden. Wie gerne würde ich mitspielen! Ich könnte den Kreis ja betreten, ich könnte mich auf einen Holzhocker setzen, ich könnte Lagerfeuer spielen, auf einen Baum klettern, aber ich tue es nicht. Ich stehe nur da, aussen am Kreis, und schaue hinein, sehe die Schatten der Kinder, höre ihr Lachen. Und dann verirre ich mich weiter, bis ich wie durch ein Wunder vor der Wirtschaft Degenried, die aussieht wie ein Hexenhaus im Märchen, stehe. Die Tische sind mit rot-weiss karierten Decken belegt, im Winter sitzt man auf Schaffellen draussen, hier versteht man vielleicht, wie das gemeint war mit der »Swissness«, wie dieses Unkonzept erträglich sein könnte. Hier kann man sitzen und etwas »Währschaftes«, also etwas Handfestes, essen – und auch wenn es ziemlich sicher voll sein wird, so ist man doch weit entfernt vom Trubel der Innenstadt, der Hitze, der Massen. Vielleicht hört man sie aus weiter Ferne, die Masse. Das gedämpfte Wummern, den Lärm des gerade stattfindenden Volksfestes, den Widerschein eines Feuerwerks, aber es ist weit weg. In einer anderen Welt.

Die Luft ist kühler hier oben. Das Licht ist grün. Hier wird man ruhig.

Die Bööggin brennt nicht

Ist es ein Wunder, dass in einer Stadt, in der der Sommer so lustvoll, fast schon verzweifelt zelebriert wird, das Ende des Winters eine ganz besondere Bedeutung hat? Lassen Sie mich versuchen, Ihnen das Sechseläuten zu erklären. Ich weiss allerdings nicht, ob es mir gelingen wird, denn ganz verstehe ich es selbst nicht. Lokale Bräuche sind wie Familienrituale: für Aussenstehende schwer nachzuvollziehen. Aber sie üben einen eigenartigen, beinahe voyeuristischen Reiz aus. Wer zufällig am dritten Montag im April in Zürich weilt, muss mit Asterix zum Schluss kommen: Die spinnen, die Zürcher! Oder warum sonst sollte sich die Elite der Stadt in weisse Strumpfhosen zwängen, sich die Gesichter schwarz bemalen, mit Frühstücksbrötchen und toten Fischen um sich werfen, sich von missmutigen Kamelen bespucken lassen und am Ende auf hohem Ross um einen Scheiterhaufen zu galoppieren, auf welchem ein Schneemann verbrennt?

Der Brauch geht auf das 14. Jahrhundert zurück. Damals galt der Sonnenuntergang als Arbeitsschluss. Damit man nun im Sommer, wenn die Tage länger wurden, nicht bis nach 21 Uhr arbeiten musste, wurde zu Beginn der schönen Jahreszeit, an einem Montag im April, der Feierabend von den Glocken des Grossmünsters eingeläutet. Und zwar um sechs Uhr abends. Daher der Name »Sechseläuten«. Diese frühe Umstellung auf die Sommerzeit wurde von der Bevölkerung gebührend gefeiert. Zeitlich fiel sie mit lokalen Fasnachtsbräuchen zusammen, bei denen man sich verkleidete, und mit Winterwenderitualen, bei denen schon Strohpuppen verbrannt wurden. Mit der Zeit verschmolzen diese Bräuche zu einem.

Das Sechseläuten beginnt schon am Freitagnachmittag, wenn es um 17 Uhr auf dem Lindenhof feierlich eröffnet wird. Dort stellt sich dann der jeweilige Gastkanton vor, mit Informationsständen, Musik und lokalen Leckereien. Am Samstag veranstalten die Zünfte ihre Bälle, und am Sonntagnachmittag findet der Kinderumzug statt. An diesem dürfen nicht nur die Kinder der Zünfter teilnehmen, sondern jedes Kind, das ein historisches Kostüm trägt. Was hätte ich mir als Kind gewünscht, da mitzulaufen! In einem Kostüm wie aus dem Königsmuseum auch noch! Beim Kinderumzug sind Mädchen ja noch zugelassen. Der Hauptumzug aber gehört ganz den Männern. Die Frauen sitzen fesch herausgeputzt auf Holzbänken am Strassenrand, sie haben unhandliche Weidenkörbe voller frischer Blumen dabei, die sie den Männern zuwerfen oder -reichen. Weil die Menge der Blumen, die ein Zünfter sichtbar mit sich trägt, eine Art Statussymbol ist, werden die Damen mit

Küsschen belohnt – die ebenfalls ein Statussymbol sind. Und vielleicht die einzige Berührung fremder Lippen, die diese Damen das ganze Jahr geniessen. Jedenfalls wirken sie schon verdächtig enthusiastisch, wie sie mit ihren Blumenkörben hin und her rennen, ständig auf Trab, immer mit gespitzten Lippen. Dass das Wetter während dieses Umzugs traditionsgemäss meist schlecht ist, beweist nur ihre aufopfernde Hingabe, ihre Loyalität. Das sind nicht die Damen, die den Umzug sprengen wollen, nein!

Der Montag, der eigentliche Sechseläutentag, an dem die Schüler frei haben und die Geschäfte nachmittags geschlossen sind, beginnt schon morgens um sieben mit 21 Böllerschüssen. Um elf Uhr fliegen die frischen Brötchen, die Weggli, aus dem Fenster der Zunft zur Weggen, der früheren Bäcker. Was an eine andere schweizerische Redensart denken lässt: »Man kann halt nicht den Fünfer und s'Weggli haben« – aus einer Zeit, als das Weggli noch fünf Rappen kostete. In der Schweiz gibt es immerhin schon Bäckereien, die diesem Dilemma Rechnung tragen, indem sie die goldglänzenden Brötchen mit eingebackenem Schokotaler anbieten: »Bei uns können Sie beides haben, den Fünfer und das Weggli!« Na, wer sagt's denn!

Die Zünfte unterdessen besuchen sich gegenseitig zum Mittagessen und halten möglichst pointierte Reden und Gegenreden, die ausser ihnen, den Eingeweihten, niemand versteht. Es ist eine hermetisch verschlossene Gesellschaft. Die ehemaligen Handwerker, die Umstürzler unter Rudolf Brun, sind heute alles andere. Sie sind die Elite, die Oberschicht, und die bleibt – wie überall – unter sich. Was heisst, es sind keine Ausländer dabei, keine Juden, keine Frauen. Zünfter wird man heute nicht mehr durch sein Handwerk, sondern durch (meist familiäre) Beziehungen, selten einmal auf Einladung. Das war nicht immer so: Im als »Constaffelbrief« bekannten Ratsbeschluss vom 6. Dezember 1490 wurde bestimmt, dass alle Männer (und teilweise auch Frauen), die in Zürich nicht zünftisch organisiert waren, also Ritter, Edelleute, Kaufleute und auch »Lüt im Kratz«, Leute vom Kratzquartier, zur Gesellschaft zur Constaffel gehören sollten. 1752 schnappten zwei Steinmetzwitwen ihren männlichen Kollegen den Auftrag für den Neubau des Zunfthauses zur Meisen vor der Nase weg, einfach weil sie eine günstigere Offerte eingereicht hatten. Bis 1798 war die gesamte Bürgerschaft, Frauen und Männer, in die Constaffel und zwölf Zünfte eingeteilt, und der grösste Teil des gesellschaftlichen Lebens von Zürich spielte sich in den Zunfthäusern ab. Erst als die Zünfte Anfang des 20. Jahrhunderts zu mehrheitlichen Traditionsvereinen umfunktioniert wurden, wurden Frauen offiziell von den Zunftaktivitäten ausgeschlossen.

Die 1988 gegründete Gesellschaft zu Fraumünster ist nun keineswegs eine feministische Organisation, sondern entspringt denselben elitären Kreisen wie die traditionellen Zünfte. Sie organisiert kulturelle Anlässe und nimmt Ehrungen vor. 2011 erhielt sie von den Stadtzürcher Männerzünften erstmals das Gastrecht am »Zug der Zünfte«. Doch das kam nicht überall gut an. Viele Zünfter sprachen sich vehement gegen eine offizielle Eingliederung der »Frauenzunft« am Sechseläuten aus. Weshalb? »Weil es nie Frauen in den Zünften und am Sechseläuten gab!« Oder noch schlimmer: Die Gesellschaft zu Fraumünster, so ein anonymer Zünfter, könne »als reine Frauenorganisation nur ein Handwerk vertreten, nämlich das älteste«. Das Zentralkomitee der Zünfte beschloss deshalb im September 2011, die Frauen weiterhin vom traditionellen Frühlingsfest in der Stadt Zürich auszuschliessen. 2012 und 2013 marschierte die Frauenzunft eine Stunde vor dem offiziellen Umzug und mit einer Demonstrationsbewilligung durch die Stadt. 2014 gewährte ihr die Gesellschaft zur Constaffel erstmals Gastrecht, was historisch gesehen Sinn ergibt, denn die Fraumünsterkirche steht im mittelalterlichen »Kratz«-Viertel, die Stiftsdamen gehörten also damals wie heute zu den »Lüt von der Kratz« und somit zu den Constafflern.

Unterstützung erhält die Gesellschaft zu Fraumünster auch von unerwarteter Seite, von den Jungsozialisten nämlich, die 2014 im Protest gegen den Ausschluss der Frauen auf der Rathausbrücke einen weiblichen Böögg – eine Bööggin – verbrannten. Sie forderten den Stadtrat auf, den Umzug abzusagen, falls die Frauen wieder nicht teilnehmen dürfen. Sie sprachen von den Zünften als »Alt-Männer-Vereinen, die ins Mittelalter gehören«. Auch Stadtpräsidentin Corine Mauch bezeichnete die Zünfte als »aus der Zeit gefallen, also nicht mehr zeitgemäss«. Trotzdem hielt sich die Stadtregierung bedeckt: Man sei der Meinung, dass sich die beiden Parteien selbst einigen sollen, ohne die Stadt als Schiedsrichterin anzurufen und ohne juristische Mittel zu ergreifen, erklärte ein Sprecher des zuständigen Präsidialdepartementes.

Und so soll es vorläufig bleiben: Die Gesellschaft zu Fraumünster wird bis 2022 als Dauergast der Gesellschaft zur Constaffel am Sechseläutenumzug teilnehmen. Als Gegenleistung stellt sie kein Gesuch um Aufnahme in das Zentralkomitee der Zünfte Zürichs und beteiligt sich am Sechseläuten nicht am nächtlichen Auszug der Zünfte. Da bleiben die Herren unter sich.

Der Umzug endet auf der Sechseläutenwiese, die keine Wiese mehr ist, sondern ein Platz. 2013 wurden 110 000 Quarzsteinblöcke aus Vals hier verlegt. Der Stein wurde sorgfältig getestet, nicht nur auf Rutschfestigkeit, einfache Reinigung und Hitzebeständigkeit. Nein, es musste auch abgeklärt werden, wie er den Elefantendung aushalte, der beim jährlichen Gastspiel des Nationalzirkus Knie nun einmal anfällt. Und natürlich, was es für die Bööggverbrennung bedeutet. Und für die Gelenke der Pferde. Um diese zu schonen, wird ein Spezialbelag wie bei Hallenwettbewerben aufgebracht.

Der Sechseläutenplatz beziehungsweise seine ständige Belegung sorgte schon im ersten Jahr für Unmut in der Bevölkerung. Dabei ist er wunderschön geworden: die Weite, die Leere, das Lichtspiel auf den verschiedenfarbigen Steinplatten. Ein Platz, auf dem es Platz hat. Nur leider viel zu selten. Seine eigentliche Bestimmung, ein Ort der Begegnung und Erholung zu sein, kann der Platz kaum je erfüllen. Ein Volksbegehren will die Belegung von 185 auf 65 Tage im Jahr reduzieren. Das Sechseläuten, das dem Platz den Namen gibt, wird aber bleiben, logisch.

Nun kommt es zum Abschluss und Höhepunkt, der Verbrennung des Bööggs. Er sieht ein bisschen aus wie ein Schneemann und ist mit Holzwolle ausgestopft. Je länger es dauert, bis sein mit Feuerwerk gefüllter Kopf explodiert, desto länger müssen wir noch auf den Sommer warten. Und desto weniger schön wird dieser werden. Das hat in diesem Klima eine grosse Bedeutung und wird deshalb sehr ernst genommen. Die Verbrennung des Bööggs wird jeweils vom Nationalfernsehen übertragen, das auch die Zeit festhält. Das klingt nun vergleichsweise einfach, ist es aber nicht. Die Sache hat es in sich: In den Jahren 1950, 1960, 1993 und 1994 kippte der künstliche Schneemann vom Scheiterhaufen. In solchen Fällen pflegte man den Kopf des Böögg nachträglich ins Feuer zu werfen, damit der grosse Knall doch noch zu hören war. Aber für den Sommer verhiess das natürlich nichts Gutes. Während des Zweiten Weltkrieges wurde auf den Umzug ganz verzichtet. 1941 verteilte man das Holz für den Scheiterhaufen unter den Kindern, damit diese zu Hause wenigstens ein paar Stunden länger heizen konnten. 1943 und 1944 wurden auf der Sechseläutenwiese im Zuge der Anbauschlacht Kartoffeln und Raps angepflanzt. Die Bööggverbrennung wurde deshalb an den Hafendamm Enge verlegt. 1944 brannte die Tragstange des Bööggs durch, und der symbolische Winter stürzte in den See. Die Zünfter der Schiffleute bargen ihn, schlugen ihm den Kopf ab und brachten diesen an Land, sodass wenigstens dieser noch verbrannt werden konnte. Der Kriegsböögg habe nicht den Feuertod erlitten, sondern sei »erbärmlich als Ertrunkener verbrannt worden«, schrieb die Neue Zürcher Zeitung damals. 1965 wütete die Maul- und Klauenseuche in der Schweiz, und die Zünfte ritten auf Holzrössern um den Böögg, weil die lebenden Pferde nicht aus dem Stall durften. Auf Holzrössern!

Habe ich nicht behauptet, die grösste Angst des Zürchers sei es, sich lächerlich zu machen? Stimmt. Ich habe auch gesagt, dass die Zürcher Volksseele eine Studie in Widersprüchen ist.

2006 wurde der Böögg gar gekidnappt, von Aktivisten aus der Werkstatt in Stäfa entführt: »Böögg hat Schnauze voll, für die Kapitalistinnen den Kopf hinzuhalten. Ist jetzt Gefangener der Bewegung 1. Mai Strasse frei«, hiess es in einem Bekennerschreiben. Erst am Tag der Arbeit tauchte der Böögg als Ehrengast am revolutionären Treffen auf dem Kanzleiareal im Kreis 4 auf.

Ist der Böögg erst explodiert, wird es gemütlich und demokratisch. Mitgebrachte Würste werden in der Glut des Scheiterhaufens gebraten. Und zwar bei jedem Wetter. Da kennt der Zürcher nichts. Seit der Jahrtausendwende ist das die grösste und friedlichste Grillparty der Stadt. Die elitärste Veranstaltung der Stadt endet im demokratischsten aller Volksfeste. Und ausgerechnet an diesem Tag erobert sich die Bevölkerung den schönsten Platz der Stadt zurück.

Tramfahren für Fortgeschrittene

Die Zürcher Verkehrsmittel sind zugegebenermassen nicht gerade billig. Für den Preis von zwei Tageskarten könnten zwei gute Freunde oder ein Paar auch gleich ein Taxi nehmen. Trotzdem sind sie zu empfehlen, wenn man die Einheimischen kennenlernen will. Näher kommt man nicht an sie heran. Nicht, wenn man weniger als fünfzehn Jahre zu bleiben gedenkt.

Die ersten »Rösslitram«-Linien, die vom Bellevue über den Bahnhof zum Paradeplatz und vom Paradeplatz zum Friedhof Sihlfeld führten, wurden 1882 in Betrieb genommen. Die Depotanlagen und Stallungen befanden sich damals im Seefeld. 1894 wurde dann auf elektrischen Betrieb umgestellt. Heute wird das Strassenbahnnetz von 16 Linien bedient. Jeder Linie ist eine individuelle Kennfarbe zugeordnet, was die Orientierung erleichtern soll. Die Linien 2, 15 und S 18 sind jedoch alle drei rot, die Linien 3 und 11 beide dunkelgrün und die Linien 4 und 9 beide violett, bedienen aber komplett verschiedene Haltestellen. Die Nummer 1 ist für eine etwaige Wiedereinführung der alten Linie 1 reserviert, die voraussichtlich 2025 realisiert werden kann. Die Nummern 16 bis 20 werden intern zur Kennzeichnung von aktuellen Projekten verwendet. Die Nummer 21 gehört der Museumslinie, die 2007 eingeführt wurde, als das übrigens nicht nur für Schienenfanatiker sehenswerte, charmante Tram-Museum Zürich ins Depot Burgwies verlegt wurde. Die Museumslinie, bei der mit Vorliebe historische Züge eingesetzt werden, fährt zwischen April und Oktober jeweils am letzten Wochenende im Monat von der Bahnhofstrasse zum Tram-Museum. Zu besonderen Anlässen – wie Weihnachten – verkehren Sonderzüge wie das »Märlitram«, in dem Kindern Märchen erzählt werden. Es gibt auch ein »Fondue-Tram«, dessen Funktion sich selbst erklärt und das auch privat gemietet werden kann.

Gemäss Zahlen aus dem Jahr 2011, die nicht mehr ganz aktuell sein dürften, aber trotzdem eindrücklich sind, betrug damals die gesamte Gleislänge 171,4 Kilometer. Jährlich werden 201,3 Millionen Fahrgäste befördert und 16 456 000 Wagenkilometer gefahren.

Ich muss hier gestehen, dass ich zu den Zürcher Verkehrsbetrieben eine ganz besondere Beziehung habe. Vor mehr als zwanzig Jahren veröffentlichte ich die Kurzgeschichte »Die Entführung«, in der sich eine Wagenführerin in einen Passagier verliebt, der sie um eine Auskunft bittet. Leider muss dieser allerdings ganz woanders hin, an einen Ort, der nicht auf ihrer Route liegt. Ausserdem spricht er wie ein Tourist. Wenn sie ihm also die Wahrheit sagt, wird er wieder aussteigen, und sie wird ihn nie mehr sehen. Also beschliesst sie kurzerhand, den Mann zu seiner Destination zu bringen, und lenkt ihre Wagenkombination um. Da die Weichen aber für dieses Manöver nicht eingestellt sind, kippt der Wagen in der Kurve am Paradeplatz aus den Schienen. Doch im darauffolgenden Chaos findet sich das Paar.

Nun hatte ich nie den Anspruch, in meinen Erzählungen und Romanen besonders realistisch zu schreiben. Umso grösser war mein Erstaunen – und meine Freude –, als diese Geschichte in der Personalzeitung der Zürcher Verkehrsbetriebe abgedruckt wurde. Die Pressefrau, die mich dazu interviewte, eine ehemalige Wagenführerin, fand sogar, ich hätte die Realität sehr gut eingefangen, genauso sei es: Zwischen Notbremsen und Fahrplanstress bleibe durchaus Zeit für kurze Tagträume und Phantasien. Und ja, man schaue sich die Passagiere schon auch mal genauer an ...

Das bestätigte erst vor Kurzem eine Meldung auf den Lokalseiten des Tages-Anzeigers: Ein Wagenführer war an der Haltestelle Stockerstrasse schnell zum Tram seiner Freundin rübergerannt, um ihr einen schönen Tag zu wünschen und sie zu küssen. Wer sagt denn, die Romantik kann auf dem harten Zürcher Pflaster nicht überleben? Ich?

Ach was! Die Art, wie der küssend Schlagzeilen machende Wagenführer seine Freundin kennengelernt hatte, erinnerte mich tatsächlich auch fatal an meine uralte Kurzgeschichte: Ein Unfall brachte sie zusammen. Sie übergab ihm ihr Tram, und in diesem Moment stürzte eine Frau. Gemeinsam kümmerten sie sich um die Verletzte, und er sandte ihr später seinen Unfallreport zu – den er in Gedichtform verfasst hatte.

Geben Sie es zu: Diese Art von kreativer Leichtigkeit hätten Sie im öffentlichen Dienst dieser bürgerlichen Stadt nicht erwartet! Doch die Verkehrsbetriebe sind eine flexible Arbeitgeberin und ziehen von daher eigenwillige Menschen an. Das konnte ich auch feststellen, als ich als kleines Dankeschön eine Tramfahrstunde geschenkt bekam. Es war einer der besten Momente meiner beruflichen Laufbahn! Zusammen mit zwei Buschauffeuren, die auf Tram umsteigen wollten, kurvte ich einen Nachmittag lang kreuz und quer durch die Stadt. Sie erzählten mir einiges über ihre verschlungenen Lebenswege. Als ich hörte, dass man bei der VBZ auch nur zehn Prozent, also einen halben Tag pro Woche arbeiten konnte, überlegte ich mir ernsthaft eine Bewerbung. Besser als Kulturförderung zu beanspruchen, dachte ich damals. Ich lernte die Kosenamen für die unterschiedlichen Wagentypen kennen, Karpfen, Pony, Cobra, Elefant und, wenig vertrauenerweckend, blinde Kuh. Ich versuchte, meinen Händen beizubringen, dass das Steuerrad die Geschwindigkeit und nicht die Fahrtrichtung reguliert, was gar nicht so einfach war. Ich machte mich mit den diskreten Leuchtsignalen vertraut und liess mich von der digitalen Zeitanzeige am Schaltpult unter Druck setzen, die jede noch so kleine Verspätung auf den Fahrplan rot blinkend anzeigt. Und ich verstand endlich, warum man eben wirklich nicht auf jeden hintersten und letzten Passagier warten kann, der auch noch angerannt kommt. Am Ende durfte ich sogar eigenhändig vom Bürkliplatz über die Quaibrücke fahren, einmal ums Bellevue kurven und ein Stück weit das Limmatquai entlangfahren. Dort holte mich allerdings die Lektion »Bremsweg« wieder ein. Ich musste die schrille Klingel betätigen, ein Fahrradfahrer konnte sich gerade noch aufs Trottoir retten. Trotzdem bekam ich einen Ehrenfahrausweis ausgehändigt. Seither fühle ich mich den VBZ auf seltsame Weise verbunden, ich grüsse beim Einsteigen jeweils lässig den Wagenführer, den ich als Kollegen anschaue (ein Gefühl, das allerdings nicht auf Gegenseitigkeit beruht).

Im Zürcher Tram kann man durchaus einen Vormittag verbringen, die Wagen sind geheizt beziehungsweise klimatisiert, sauber und bequem und meistens superpünktlich. Die Haltestellen werden auf Tafeln angezeigt, was für Ortsfremde besonders hilfreich ist. Und bei den Türen befinden sich elegante Fächer, in denen ausgelesene Zeitungen für den nächsten Leser deponiert werden. Selbst die Kontrolleure sind meistens höflich.

Um die Stadt kennenzulernen, sind besonders die Linien zu empfehlen, die sich durch unterschiedlichste Wohnquartiere winden. Zum Beispiel »der Zweier« – ja, »das« Tram und »der« Zweier. Fragen Sie nicht! Der Zweier ruckelt vom Bahnhof Tiefenbrunnen durch das Nobelquartier Seefeld. Hier habe ich gelebt, als es noch knapp bezahlbar war. Direkt am Bahnhof Tiefenbrunnen, wo der Nationalzirkus Knie, der sein Hauptquartier weiter oben am See in Rapperswil hat, mitten in der Nacht seine Tiere auslädt und zu Fuss am Seeufer entlang zum Standplatz führt. Staunend schauten mein Sohn, den ich dafür wecken musste, und ich über das Balkongeländer und sahen Elefanten und Kamele, Araberpferde, Zebras und Giraffen aus den Viehwagen geführt werden und in der Nacht verschwinden.

Heute sind im Seefeld selbst die subventionierten Wohnungen in der begehrten Überbauung Tiefenbrunnen für Normalverdiener unerreichbar. Oder sagen wir, für Normalverdiener ohne Beziehungen. Hier findet man auch die teuersten Secondhandläden der Welt, in denen man behandelt wird wie die amerikanische Talkshowkönigin Oprah Winfrey in einer Zürcher Edelboutique, wo man ihr eine bestimmte Tasche unter dem Hinweis auf ihren hohen Preis gar nicht erst zeigen wollte. Der Vorfall ist als »Täschligate« in die Klatschgeschichte eingegangen. Frau Winfrey vermutete Rassismus, dabei ist das ganz normal-zürcherisches Verhalten, selbst im Secondhandladen: »Den Burberry-Trenchcoat wollen Sie sehen? Nein, Sie, den hol ich Ihnen doch nicht extra aus dem Fenster. Was, wenn Sie ihn dann nicht nehmen?«

»Wenn ich ihn nicht anprobieren kann, wie soll ich dann wissen, ob ich ihn kaufen will?«

»Ja, sehen Sie, da haben wir's! Da könnte ja jede kommen!«

Eine meiner liebsten Zürcher Redewendungen, weil sie so bezeichnend ist: Da könnte ja jeder kommen! Und wo käme man denn da hin? Ja, wo?

Hier ist vielleicht ein Wort zur Warnung angebracht: In Zürich ist der Kunde nicht König, er ist meist nicht einmal Kunde. Den Begriff »Dienstleistungsgesellschaft« kennt die Schweiz generell nicht und Zürich schon gar nicht. Zürich, wie gesagt, ist eine Dame, die hofiert werden will. Sie wollen einkaufen? Sie wollen essen? Sie wollen irgendetwas mit ihren zu einem schmerzhaften Kurs gewechselten Schweizer Franken bezahlen? Na gut, wenn es unbedingt sein muss. Erwarten Sie aber ja keine Freundlichkeit. Keine Anbiederung. Wenn, dann funktioniert sie umgekehrt: Sie sind es, die sich den Verkäuferinnen und Kellnern, den Taxifahrern und Schalterbeamten vor die Füsse werfen müssen. Denn Sie sind es, die ihrer Gnade ausgeliefert sind.

Eine Bekannte, die Asylbewerbern bei der Eingliederung hilft, erzählte einmal, die grösste Verwirrung stifte die automatische Frage der Kassiererin im Migros-Supermarkt: »Kumulus? Kumulus?« Damit ist die Kundenkarte gemeint. Erwarten Sie aber nicht, dass Ihnen das erklärt wird. Im besten Fall wird die Frage einfach lauter wiederholt: »KUMULUS? KUU–MUU–LUSSS-SSSS?«

Eine Haltung, die einem fast schon wieder Achtung abringt. Selbst im Angesicht von Wirtschaftskrise und Eurodebakel biedert sich der Zürcher nicht an. Da könnte ja jeder kommen, genau!

Und ja, Zürich ist teuer. Reden wir also über Geld. Nicht! Ich meine nicht, reden wir nicht über Geld, denn das tun wir nicht.

»Du kennst aber auch wirklich gar nichts!«, rügt meine Tante Turica und zupft unwillkürlich an ihrem Rocksaum, bis er wieder sittsam die Knie bedeckt. Über Geld redet man nicht, man zeigt es auch nicht, man hat es. In einer Schweizer Klatschzeitschrift wurde jahrelang ein »Indiskretes Interview« veröffentlicht. In diesem Rahmen gaben die unterschiedlichsten Promis ungeniert Auskunft über ihr Sexleben: Wie war das erste Mal, was würden Sie heute anders machen? Wie oft haben Sie Sex, wie gern, warum und wieso? Alles kein Problem, vom Fussballstar über die Popsängerin bis zum Sternekoch gaben alle bereitwillig Auskunft. Wehe aber, es wurde nach ihrem jährlichen Einkommen gefragt: »Darüber rede ich nicht. Das ist Privatsache!«, war die

Standardantwort. DAS ist Privatsache? Dabei ist jede Steuererklärung öffentlich einsehbar – was unsere Zeitschriften regelmässig über die Sommerflaute trägt. Wie dem auch sei, seit 2014 ist es offiziell: Zürich ist die teuerste Stadt der Welt, noch vor Singapur. Dafür ist Singapur vermutlich unterdessen sauberer. Ein Cappuccino kostet in Zürich 4,85 Euro, in Paris 3,56, in München 2,69, von Singapur weiss ich es nicht, vielleicht wird dort nichts »Söttiges« getrunken.

Tatsächlich wird in kaum einem anderen Land durchschnittlich so viel Geld gespart und vererbt wie in der Schweiz. Jährlich sind es rund 2,5 Prozent des Reinvermögens. Das macht 6,8 Prozent des Bruttoinlandsprodukts aus, weit mehr als in vergleichbaren Ländern. Fast zwei Drittel aller Schweizer und Schweizerinnen haben schon Erbschaften oder Erbvorbezüge erhalten oder erwarten sie noch.

Um noch einmal Joachim Ringelnatz' Gedicht »Zürich« zu zitieren:

»Ja, sie schwimmen wirtschaftlich im Glücke,
Hamstern zentnerschwere Frankenstücke,
Zahlen winzi-niedli-kleine Rappen.
Hmm!
Das Glück geht ihnen durch die Lappen,
Und ihr Unglück hält sich fern ...«

»Zu Reich« stand vor Jahren an der Fassade des besetzten Wolgroth-Areals hinter dem Hauptbahnhof. Das Schild begrüsste die einfahrenden Züge von Weitem und brachte die Passagiere zum Nachdenken. Kann man also doch zu dünn und zu reich sein? In Zürich entzieht man sich der Debatte, indem man seinen Reichtum versteckt. Aber nun gut, Sie sind jetzt hier und nicht in Singapur. Sie sitzen in einem der luxuriösen Zürcher Trams, vielleicht im Achter, der vom Klusplatz aus das Hottingerquartier durchpflügt, das Ende des 19. Jahrhundert als »Quartier Latin von Zürich« bekannt war.

Denn damals, nachdem das Deutsche Reich das »Sozialistengesetz« verabschiedet hatte, flohen viele führende deutsche Sozialistinnen, Sozialdemokraten und Anarchistinnen nach Zürich. Sie trafen sich vor allem in der Wirtschaft »Zum Thaleck« am Zeltweg oder im Garten des damaligen Kasinos, das sich nur wenige Schritte von der »Volksbuchhandlung des Schweizerischen Arbeiterbundes« entfernt befand. Diese war der wichtigste Auslandsverlag der SPD, die in ihren Räumen auch geheime Treffen abhielt. Die Zeitschrift »Sozialdemokrat« wurde in Zürich gedruckt und nach Deutschland hinübergeschmuggelt. »Die Frau und der Sozialismus«, Bebels erfolgreichstes Buch, erschien zum Schein in der Volksbuchhandlung, in Wirklichkeit aber in Leipzig. Darin formuliert Bebel zum ersten Mal die Vision einer echten Gleichberechtigung von Mann und Frau, politisch, gesellschaftlich, familiär. Eine Vision, die er ziemlich sicher während der nächtelangen Diskussionen mit Verena Conzett entwickelt und auf den Punkt gebracht hat. Die bekannte Frauenrechtlerin und erste Präsidentin des Schweizerischen Arbeiterinnenverbandes war ausserdem vierfache Mutter und die Ehefrau des Leiters der Volksbuchhandlung, Conrad Conzett.

Bebel wurde übrigens in Zürich begraben, auf dem Friedhof Sihlfeld. 15 000 Menschen folgten seinem Sarg durch die Stadt – soll noch jemand sagen, die Zürcher mögen die Deutschen nicht! Seinen Ruf als Intellektuellenviertel verdankt Hottingen auch dem 1882 gegründeten Lesezirkel, der bis zum Zweiten Weltkrieg Vortragszyklen sowie literarische und künstlerische Abende organisierte. Dort tauschten sich Eingesessene mit Zugewanderten aus, Fortschrittliche mit Konservativen, Gelehrte mit Handwerkern. Der Lesezirkel lud so unterschiedliche Autoren und Autorinnen wie Rainer Maria Rilke, Karl Kraus, Stefan Zweig, Alfred Döblin, Else Lasker-Schüler, Paul Valéry, Thomas Mann, Ricarda Huch und Robert Walser zu Vorträgen, Lesungen und Diskussionen ein.

In Hottingen lebte vorübergehend, von 1889 bis 1897, auch Rosa Luxemburg. Die Universität Zürich war damals eine der wenigen in Europa, an der Frauen studieren durften. So gab es in der Nähe viele Unterkünfte für junge Frauen aus verschiedenen Ländern, Privatinstitute und Pensionate für Töchter aus »guten Häusern«.

Bis heute steht das Viertel bei Intellektuellen hoch im Kurs. Der vor Kurzem verstorbene, überaus beliebte Schriftsteller Urs Widmer wohnte dreissig Jahre lang in Hottingen. Und obwohl seine grossartige Autobiografie »Der Rand des Universums« kurz vor seinem Umzug nach Zürich endet, ist sie doch unbedingt lesenswert. Mit Charles Lewinsky und Lukas Bärfuss leben zwei weitere berühmte Bestsellerautoren im Quartier und erhalten ihm so den Status eines Intellektuellenviertels.

Das alles erfahren Sie im wörtlichen wie im übertragenen Sinn innert weniger Haltestellen zwischen Klusplatz und Kunsthaus. Wenn der Achter dann scharf links abbiegt, können Sie zwischen Kunsthaus und Bellevue die Fortsetzung der Geschichte der Intellektuellen in Zürich sozusagen aus dem Augenwinkel erhaschen. Am unteren Ende der Rämistrasse befand sich nämlich die Buchhandlung Dr. Oprecht. Sie wurde von 1933 an zum Fluchtpunkt der deutschen Emigration, zum Treffpunkt ungezählter Verfemter und aus Nazideutschland Vertriebener. Emil und Emmie Oprecht boten verlegerische und vor allem materielle Unterstützung für alle, die in der Schweiz gelandet waren, sei es, weil sie hier Zuflucht suchten oder weil sie sich auf die Einreise in die USA vorbereiteten. Der 1925 vom Ehepaar gegründete Oprecht & Helbling Verlag brachte ursprünglich »viel Literarisches, zeitgenössische Romane und Gedichtbände, meist von Schweizer Autoren, Bücher über Kunst, Architektur und Literatur« heraus. Das Ladenlokal war erst später dazugekommen. Doch 1933 gründeten die Oprechts als Reaktion auf die deutschen Ereignisse den Europa Verlag. Der Name war Programm. Sie wollten dazu beitragen, einen »gemeinsamen Staat gegen den Ungeist« zu errichten. Von 1933 bis 1945, »zwölf Jahre lang hat der Verlag das eine Wort: ›Nein‹ gesagt«, schrieb Emil Oprecht rückblickend.

Sein Programm war das der deutschen politischen Emigration, sein verlegerisches Credo das der Autoren. Überhaupt verdankten beide Verlage, Oprecht und Europa, ihr Profil den Emigranten. Sie gaben so unterschiedliche Bücher heraus wie den Gedichtband »Das Hebräerland« von Else Lasker-Schüler, den Roman »Fontamara« von Ignazio Silone und die »Berliner Novellen« von Bernhard Brentano. Theodor Wolff, Ernst Bloch, Thomas Mann und Ludwig Hohl – sie alle gehörten zu den rund hundert deutschen Emigranten, die in dem kleinen Verlag an der Zürcher Rämistrasse eine wenigstens vorübergehende Heimat fanden.

Im August 1942 hatte die »neutrale« Schweiz ihre Grenze offiziell für jüdische Flüchtlinge geschlossen. Jüdinnen und Juden seien nicht politisch verfolgt, erklärte sie. Ein Asyl komme für sie nicht infrage. Wem es irgendwie gelang, illegal einzureisen, musste mit sofortiger Rückstellung oder gar mit der Auslieferung an die SS rechnen. Dies, obwohl die Schweizer Behörden 1942 natürlich recht gut Bescheid darüber wussten, was mit den Juden und Jüdinnen im deutschen Machtbereich geschah und auch die Schweizer Presse zu jener Zeit über Deportationen »nach dem Osten« und über den »sicheren Untergang« der »verschwundenen« Juden und Jüdinnen berichtete.

Ganz in der Nähe der Buchhandlung, in einem Patrizierhaus am Hirschengraben, befand sich die immer allen Gästen offenstehende Wohnung der Oprechts – ironischer Zufall: Das Haus gegenüber beherbergte während der Nazizeit das Deutsche Konsulat.

So viel Geschichte auf einer so kurzen Strecke! Und das, noch bevor der Achter via Bellevue und Bahnhofstrasse durch komplett andere Wohngegenden weiterfährt, am Helvetiaplatz vorbei und Richtung Güterbahnhof. Ein vollkommen anderes Zürich. Doch dazu später. Eigentlich ist es ja auch egal, mit welcher Linie Sie wohin fahren, denn das Beste am Tramfahren sind die Passagiere. Beobachten Sie sie, diskret hinter einer alten Zeitung versteckt, hören Sie ihnen zu.

Und ärgern Sie sich nicht, wenn sie nicht alles verstehen: Ich werde Ihnen die besten Momente nacherzählen. Zum Beispiel diesen:

Früh übt sich, wer ein Zürcher werden will

An einem ganz normalen Donnerstag kurz vor Mittag in einem Tramwagen zwischen Central und Hauptbahnhof. Das Wetter ist schlecht, und ich bin auch schon wieder zu spät dran. Hinter mir unterhalten sich zwei über Eidechsen – ausgelöst wurde die Diskussion wohl durch ein farbenfrohes Plakat, das mit dem Abbild einer solchen für den Zürcher Zoo wirbt.

»Eidechsen gibt es also nicht nur in der Toskana«, sagt der eine.

»Oder in Südfrankreich«, der andere.

»Nein, Eidechsen gibt es überall, auch bei uns.«

»Viele sogar. Sehr viele.«

»Einmal«, so holt der eine aus, »einmal war da ein Teich, und ich ging schwimmen mit meinem Vater, und mein Vater fing eine Eidechse mit der Hand. Für mich!«

»Hast du sie angefasst?«

Die Mitfahrer, die sich so gewählt ausdrücken und so fundierte Kenntnisse über die europäische Fauna beweisen, sind im Kindergartenalter und kommen gerade vom

Zürcher Zoo. Es ist nationale Schulreisesaison, und die Chance, ein Abteil in einem beliebigen öffentlichen Verkehrsmittel mit einer Gruppe Kinder zu teilen, hoch. Unverhofft in einer Masse Kinder oder Jugendlicher eines Alters eingeklemmt, verschwindet man. Und unsichtbar geworden, wird man Zeuge unglaublicher, berührender, irritierender, authentischer Szenen, die einem sonst immer vorenthalten bleiben. Wie hier im Tram Nummer 5, das nun gemächlich über die Quaibrücke ruckelt. Aus der Sitzbank hinter mir klingt ein beinahe nostalgischer Seufzer.

»Was für ein schööööner See«, spricht der Fünfjährige.

Und sein Sitznachbar, im selben wehmütigen Ton: »Aber soooooo zigarettlich! Ui, ui, ui!«

Zigarettlich?, denke ich. Ich widerstehe der Versuchung, mein Notizbuch hervorzunehmen und den Ausdruck aufzuschreiben, den der kleine Bub folgendermassen erläutert: »Überall liegen Zigarettenstummel herum!« – eine altkluge Beobachtung, vermutlich irgendwo aufgeschnappt und jetzt erst einmal versuchshalber angewendet, so wie ich das neue Wort heute Abend zu Hause ausprobieren werde: »Wie kommt es, dass die leere Kaffeetasse so zigarettlich geworden ist?« Oder: »Ich wünschte, der Blumentopf wäre nicht immer so zigarettlich.« Da muss ich vielleicht noch etwas üben.

Am selben Abend besuchte ich eine Freundin und hörte dort zwei vielleicht neunjährige Mädchen das Mittagsmenü im Hort der öffentlichen Schule kritisieren.

»Wenn das echtes Rinderhack war, dann fress ich einen Besen!«, sagte die eine.

»Der wäre wenigstens nicht so labbrig wie die Spaghetti gestern!«

»Al dente, tote Ente!« Jetzt kicherten sie wenigstens hinter vorgehaltenen Händen, vorher hatten ihre Stimmen so gelangweilt geklungen, als seien sie kurz davor, vor lauter *ennui de vivre* in ein Koma zu sinken. Ich stand kurz davor, den beiden Gören einen Vortrag über Snobismus und gute Manieren zu halten und über die zunehmende Vergourmetisierung der Stadt, die ich persönlich sehr bedauere – man wird ja in Zürich kaum je zu einem ungezwungenen Essen unter Freunden eingeladen, nein, man muss sich immer gleich einen Vortrag über die Zusammensetzung und die Zubereitung der Speisen anhören: wie besonders und selten die Zutaten sind, wie und wo man diese gefunden und erstanden hat. Nur das Beste ist gut genug. Dann wird einem auch gleich das edle Kochgerät vorgeführt, die Messer werden gezückt und, wenn man Pech hat, auch noch die Kosten der Mahlzeit vorgerechnet.

Doch die Mütter der beiden Mädchen, die ich gut kenne und auch mag, waren seltsamerweise stolz auf ihren Nachwuchs.

»Sie wissen halt, wie richtige italienische Spaghetti schmecken! Seit sie klein sind, essen sie auf Reisen alles, was wir auch essen!«

»Sei doch ehrlich, es gibt nichts Schlimmeres als verkochte Spaghetti!« Der Rest der Welt könnte sich da durchaus das eine oder andere vorstellen, aber wir sind hier in Zürich. Und hier gilt: Keiner zu klein, ein Züri-Snob zu sein!

Ach, die Zürcher »Mini-Mes« haben es gewiss nicht leicht. Und ich will auch gar nicht meckern, denn es ist ja schon ein Wunder, dass es sie überhaupt gibt. Ganz ehrlich, fragen Sie sich nicht auch langsam, wie es in dieser Hochburg der Coolness überhaupt je zu einer befleckten Empfängnis kommen kann?

Liebe im Schatten von Zwingli

»Les Filles du Limmatquai«, warnte Stephan Eicher Anfang der Achtzigerjahre: »Regarder, ne pas toucher!«

Nur schauen, nicht anfassen! Am Limmatquai halten sich die Filles heute nicht mehr auf, aber der Grundsatz bleibt sich gleich. Nur nichts anmerken lassen! Cool bleiben!

Wie sich in Zürich je ein Paar findet, ist mir persönlich ein grosses Rätsel. Denn wer cool sein will, darf keine Gefühle zeigen, und wer keine Gefühle zeigt, wird auch keine erwidern können. Sich zu verlieben heisst sich zu entblössen, im wörtlichen wie im übertragenen Sinn. Verliebte sind lächerlich, machen sich zum Narren. Sie benehmen sich wie Woody Allen in »Play it again, Sam!«

Ein Beispiel: Neulich habe ich eine tapfere junge Frau dabei beobachtet, wie sie einen Mann aus einer grösseren Gruppe hebeln wollte, die so lust- und antriebslos in der Kälte herumstand, vor dem Restaurant, in dem sie gerade gegessen hatten. Und jetzt? Wer jetzt nach Hause geht, muss den Abend abschreiben. Wer jetzt noch weiterzieht, muss verzweifelt sein. Die einen wandten sich schon zum Gehen, die Gruppe war dabei, sich aufzulösen. Da wandte sich eine der Frauen an den Mann, mit dem sie sich den ganzen Abend schon blendend unterhalten hatte. Das dachte sie wenigstens.

»Lass uns noch woanders hingehen«, sagte sie. Zu ihm und nur zu ihm.

Souverän, wie ich fand. Eindeutig und trotzdem leichtherzig dahingesagt. Hätte ich selbst so nie hingekriegt. Ausserdem sah sie rasend gut aus. Zu gut für ihn, auf den ersten Blick, aber man soll nicht vorschnell urteilen. Er sah das auch ganz anders, aber wie, das wusste er selbst nicht. Unsicher wanderte sein Blick von ihr zu seiner Clique. Als versuchte er sie per Photoshop in sein Leben zu copy-and-pasten: Was ergibt das für ein Gesamtbild? Passt sie da hinein? Das Ergebnis war offenbar nicht überzeugend, denn er hakte nach.

»Woanders hin, ja was meinst du denn damit, wohin genau willst du denn gehen?«, fragte er.

»Irgendwohin, wo es noch was zu trinken gibt«, antwortete sie unverdrossen, aber schon ein bisschen weniger unbekümmert. Denn Weltstadt hin oder her, an einem normalen Dienstagabend muss man diese Orte in Zürich immer noch mit der Lupe suchen.

»Ja, aber wo?«, quengelte er. »Wo willst du denn hin, ich meine, was sind so deine Orte, wo verkehrst du denn so?«

»Was sind so deine Orte?« Sie hob die Brauen und liess sie nicht wieder sinken. Jedenfalls nicht, bevor sie sich umgedreht hatte. Sie stakste zur Bushaltestelle auf der anderen Strassenseite, und nur wer genau hinhörte, konnte in dem harten Aufschlag ihrer Absätze so etwas wie Resignation hören.

Der Mann schaute ihr nach und zuckte mit den Schultern. »Die Weiber in Zürich sind so was von arrogant«, sagte er zu seinen Freunden. Und die nickten nur.

Die Gruppe zerstreute sich, man ging nach Hause, allein. Jeder für sich allein. Aber immerhin hat sich keiner eine Blösse gegeben.

Eine andere Frau erzählt, dass sie einmal an einer Bartheke laut herausgelacht habe, worauf sie prompt gefragt wurde, woher sie denn komme.

»Du bist wohl nicht aus Zürich, wie?«

»Offensichtlich nicht«, gab sie zur Antwort.

Für den jungen Mann vor dem Restaurant, der hoffentlich heute noch über die verpasste Chance mit der schönen Blonden nachdenkt, gab es nur etwas Schlimmeres als alleine nach Hause zu gehen: Mit der falschen Frau nach Hause zu gehen. Mit einer, die nicht in seine Szene passt.

Erinnern Sie sich an das Schubladenmöbel? Mit den immer kleineren und kleineren Unterteilungen, bis am Ende in jedem Fach ein einzelner Mensch sitzt, allein? Das ist auch Zürich. Traurig eigentlich. Aber geht Sie nichts an. Sie können die junge Frau an der Bushaltestelle einholen und sie zum Lachen bringen, wer weiss, vielleicht geht sie mit Ihnen noch was trinken. Und wenn nicht, können Sie immer noch sagen: »Stimmt schon, die Züri-Schnepfen sind so was von arrogant!«

Wenn sich Paare hier finden, dann meist über gemeinsame Freunde, allenfalls am Arbeitsort. Eine Beziehung zu einer Frau, die nicht dieselbe Musik hört wie der

Rest des Freundeskreises, zu einem Mann, der unmögliche Schuhe trägt, gilt hierzulande schon als interkulturelle Beziehung!

Ach Quatsch! Glauben Sie mir kein Wort. Im Gegenteil, es sieht vielmehr so aus, als paaren sich Schweizer, speziell Zürcher, immer seltener mit ihresgleichen. Zürcher Männer haben bei Zürcher Frauen – und umgekehrt – einen schlechten Ruf.

Wenn Zürich, diese vornehme Tante, ein geheimes Leiden hat, dann ist es kein exotisches, sondern ein graues: Anhedonia. Die Unfähigkeit, Freude zu empfinden.

»Wi gaz?« – »Es mues.«

Mit dieser Kurzformel ist die Schweizer, speziell die Zürcher Seele eigentlich schon erklärt.

»Wie geht's?« – »Es muss.«

Es? Was? Das Leben? Nicht wichtig. Es kann alles sein. Wichtig ist das »muss«. Nicht kann, nicht darf, nicht einmal soll, nein, es muss. Es muss gehen. Es muss weitergehen.

Was muss? Welches es? Das Leben? Und warum muss es? Warum will es nicht? Warum kann es nicht? Es muss. Ach, wenn es sich doch einfach auf den Rücken legen dürfte, die Glieder ausstrecken, den Hut in den Nacken schieben, einen Grashalm zwischen die Zähne stecken, in die Sonne blinzeln. Es träumt. Es schläft. Es darf.

Eine Erklärung habe ich schon angedeutet: Der Zürcher, der meist aus der Provinz zugezogen ist, will auf keinen Fall als Landei erkannt und übers Ohr gehauen werden. Deshalb sichert er sich ab. Geht nur an die Orte, an die »man« geht, verkehrt nur mit Leuten, die er einordnen kann. Die dazugehören oder die ihm etwas nützen können. Einladungen in Zürich werden oft mit der Versicherung ausgesprochen, dass nur »spannende Leute!« kommen würden. Ich persönlich werde dann gleich müde, weil ich weiss, dass von mir erwartet wird, auch spannend zu sein. Ausserdem gibt es meist zu wenig zu essen. Deshalb schlage ich solche Einladungen in der Regel aus.

Eine weitere mögliche Erklärung ist der mittelalterliche Aberglaube, die Angst vor dem bösen Blick. Diesen zieht man unweigerlich auf sich, wenn man sich zu sicher fühlt. Wenn man zugibt, dass man glücklich ist. Dass es einem gut geht. Dass man alles hat. Der berühmte Werbespot »Mein Haus, mein Auto, mein Boot« löst in der Zürcher Seele leichtes Schaudern aus. Wer so angibt, wird im nächsten Augenblick vom Blitz erschlagen werden, fürchten wir. Nun, wenigstens ist er dann gut versichert! Deshalb sind auch die schönsten, prächtigsten Gebäude von aussen ganz unscheinbar. Wenn man Glück hat, eintreten zu dürfen, erwarten einen hinter der bescheidenen Eingangstür dekadente Deckenmalereien, barocke Stuckaturen, Marmor und Gold. Reichtum zeigt man nicht, man hat ihn. Und vor allem: Man geniesst ihn nicht. Wo käme man da hin!

Natürlich kann man die Erklärung für dieses Phänomen auch in der Geschichte suchen. Schliesslich weht der Geist des strengen Reformators Ulrich Zwingli immer noch durch die engen Gassen der Altstadt. Seine asketische Strenge sitzt den Bewohnern in den Knochen, sie hängt in den Wänden, sie sammelt sich in den Hochnebelschwaden an der Decke. Aber wer war dieser Zwingli, von dem meine Tante behauptete, wir würden ihn alle gründlich missverstehen?

Eine übereifrige Lektorin hat einmal aus »meiner zwinglianischen Heimatstadt Zürich« eine »lutheranische« gemacht. Zwingli sei ein Helvetismus, argumentierte sie: »Bei uns heisst das Luther!«

Nun ja, nicht ganz. Sorry. Luther und Zwingli waren sich noch nicht mal einig. Ich glaube, über dem Abendmahl haben sie sich zerstritten, was ja in sich schon eine gewisse Symbolkraft hat. Ich gebe aber gerne zu, dass ich Zwingli auch total falsch verstanden habe. Meine Tante hat recht: Ich habe seinen Namen automatisch mit Freudlosigkeit gleichgesetzt. Dann habe ich recherchiert. Und fand ein paar erstaunliche Details: Zum Beispiel, dass er seine Stelle als Leutpriester am Grossmünster in Zürich beinahe nicht bekommen hätte, weil er sich in Einsiedeln mit »einer Dirne« vergnügt hatte. Was er selbst in einem Geständnisbrief zugegeben hatte. Da aber sein einziger Konkurrent um die Stelle mit seiner Geliebten sechs Kinder gezeugt hatte, wurde Zwingli nach Zürich berufen. Wo er bald in wilder Ehe mit einer Witwe lebte, die er in der Nachbarschaft kennengelernt hatte. Als Feldprediger begleitete Zwingli zweimal Schweizer Söldner in Italien. Diese Erfahrungen als Militärseelsorger machten ihn zum heftigen Gegner des Söldnertums und öffneten ihn für pazifistische Gedanken. Im ersten Amtsjahr erkrankte er an der Pest, die 7000 Menschen das Leben kostete – das war ein Viertel der damaligen Bevölkerung. Nach seiner Genesung war er mehr denn je überzeugt, dass nur Gottes Gnade den Menschen erlösen kann. Keine Kirchenpolitik. Und dann war da noch das berühmte, bereits erwähnte Wurstessen von 1522, an dem er zwar nicht direkt teilnahm, das er aber immerhin von der Kanzel herab guthiess.

Wurstessen? Während der Fastenzeit? Der Buchdrucker Christoph Froschauer hatte Zwingli und dessen Pfarrkollegen Theo Jud vom Sankt Peter zum Essen eingeladen. Weil Froschauer überarbeitet und mit einer Lieferung im Verzug war – damals schon; manche Dinge ändern sich wirklich nie! –, entschied er eigenmächtig, von dem vorgeschriebenen Mus könne er nicht satt werden. Und die gerade noch erlaubten Fische waren schlicht zu teuer. Also tischte er Würste auf. Theo Jud ass mit, Zwingli zwar nicht. Aber er benutzte den Anlass, um von der Kanzel herab zu verkünden, dass das Verbot des Fleischverzehrs kein biblisches Gebot sei. So weit ein kalorienreicher und einprägsamer Auslöser der Reformation. Welche dann, das habe ich erwähnt, wenigstens indirekt dazu führte, dass der Seidenhandel wieder aufblühte.

Kann man den Reformator Zwingli also gleichzeitig für die ungewöhnliche Dichte an Lingerie-Geschäften in der Stadt und für die graue Freudlosigkeit, die hier herrscht, verantwortlich machen? Da bin ich mir nun plötzlich nicht mehr so sicher.

Vielleicht finden wir in der Sprache einen Schlüssel zur Seele? Etwas Wichtiges muss nämlich noch gesagt werden über den Schweizer Dialekt: Er kennt keine Zukunft. Und kein »Ich liebe dich.« Das erklärt eigentlich schon alles. Man sagt allenfalls: Ich hab dich gern. Oder man flüchtet sich in eine Fremdsprache. Kürzlich habe ich ein Prominenteninterview gelesen, in dem sich eine Schweizer Spitzensportlerin über ihr Schweizer Baby beugte und flüsterte: »I love you so much.« Auf Englisch. Weil ihr auf Schweizerdeutsch die Worte fehlten.

»I love you« – Worte, die in Amerika geradezu inflationär gebraucht werden, mit vollen Händen verteilt sozusagen. Worte, die in meinen Ohren fremd klangen, als sich sie zum ersten Mal hörte – ausserhalb eines Kinosaals, kurz vor dem Happy End meine ich natürlich.

Die Nachbarskinder standen auf der Strasse, winkten einem langsam wegrollenden roten Sportwagen nach, in dem eine glamouröse Frau mit Sonnenbrille und Kopftuch sass. »Wir lieben dich, Tante Eloise!«, riefen die Kinder der leger winkenden Frau nach, die selbstverständlich schwarze Lederhandschuhe trug.

Wir lieben dich, Tante Eloise? Sie hiess übrigens tatsächlich so, Eloise, aber das war es nicht, was mich irritierte. Liebe, so dachte ich als gute Schweizerin, Liebe ist etwas Seltenes. Etwas, das einem, wenn man Glück hat, einmal im Leben begegnet. Etwas, das man vorsichtig behandelt. Hütet. Bewahrt. Nicht mit vollen Händen nach allen Seiten verschüttet, wie Geld, das man nicht hat. Typisch, die Amerikaner.

Liebe ist etwas, worüber man nicht spricht. Natürlich liebe ich dich, sonst hätte ich dich doch nicht geheiratet, ist unsere Haltung. Natürlich liebe ich dich, ich bin schliesslich deine Mutter. Versteht sich von selbst. Muss man nicht extra betonen. Wir lieben stumm. Ansonsten haben wir gern. Oder nicht einmal: In einem alten Lied, das die verstorbene Volksschauspielerin Margrit Rainer mit der penetrantesten »Zürischnurre« von allen gesungen hat, heisst es sinngemäss, die grösste Liebeserklärung, die romantischste Aussage, die ein Zürcher Mann machen könne, sei »ich früür a d' Scheiche« – meine Füsse fühlen sich kalt an. Meint: Ich möchte sie gerne an dir wärmen. Mit dir unter einer Decke stecken. Oder so.

Heisst das nun, die Zürcher sind eher Männer und Frauen der Tat als der grossen Worte? Das kann ich leider auch nicht beurteilen. Recherchieren Sie selbst – aber auf eigene Verantwortung!

Sex? In der Box, bitte!

Es stimmt schon, was über die Schweizer gesagt wird: Was sich nicht rechtzeitig retten kann, wird gnadenlos reguliert. So auch der Strassenstrich. Als die Verhältnisse am Sihlquai unhaltbar wurden – ein nicht enden wollender Strom von Freiern in Familienwagen mit Aargauer Kennzeichen, heruntergekommene, minderjährige, drogensüchtige Mädchen, brutale Zuhälterbanden, unglaublicher Dreck am schönen Sihlufer, der täglich weggeräumt werden musste, und so weiter – dasselbe wie überall – startete man auch in Zürich einen Versuch mit Sexboxen. Obwohl die zuständige Zürcher Expertenkommission zwecks Inspiration solche Einrichtungen in Deutschland besucht hat, war der Spott vor allem im Ausland gross.

»Drive-in-Sex«, »Sex-Garagen«, »Strikt-Park«, das waren nur einige der Schlagzeilen. Sogar in Japan interessierte man sich für diesen Zürcher Versuch. Der Bezug zur geradezu sprichwörtlichen Regulierungswut der Schweizer war nun mal unwiderstehlich. Auch Kalauer wie »Paragrafenreiterei« konnte man sich schwer verkneifen.

Klar, Romantik geht anders, aber haben Romantik und Prostitution tatsächlich so viel miteinander zu tun? Für Verwirrung sorgte die zu klein geratene Ausschilderung, die dazu führte, dass viele neugierige Freier direkt auf den Personalparkplatz einer städtischen Verwaltung weiterfuhren. Nach einem Tag aber war der Platz in allen gängigen GPS-Systemen programmiert. Leid tat einem der erste Freier, der den Platz am Tag der Eröffnung trotz schlechter Beschilderung tatsächlich fand – und sich gleich einer Meute von Journalisten gegenüber sah. »Ich wollte mich nur mal umsehen«, stotterte er in die Fernsehkameras. So hatte er sich das wohl nicht vorgestellt. Bereit für ein Geschäft mit einer Prostituierten war er, wie der Tagesanzeiger berichtete: »Fünfzig Franken lagen griffbereit auf dem Sitz. Was ihn störte, war die Beschilderung auf der Anfahrt. ›Zwanzig Minuten lang habe ich den Weg gesucht.‹« Bei der Stadt reagierte man auf diese Kritik blasiert: Man sei zuversichtlich, dass die Zielgruppe ihren Weg schon finden werde, war der nicht unerotische Kommentar. Ein anderer Freier, ein wenig mutiger, lobte die Sauberkeit und vergleichsweise Preisgünstigkeit des Boxensex – was natürlich nur zu neuen Spötteleien in der internationalen Presse führte: Ja, ja, von den Reichen (Schweizern) lernt man sparen!

Immerhin könnten die Piktogramme auf dem Platz selbst nicht deutlicher sein: Sowohl Fahrrad wie Fussgänger und auch das Motorrad sind radikal ausgekreuzt, ebenso wie die Symbole für Kamera und Mikrofon. Wer nicht im Auto vorfährt, hat hier nichts zu suchen. Die Freier müssen älter als achtzehn sein, nur einer pro Wagen, und Kondome werden gleich nach dem Gebrauch in den dafür vorgesehenen Eimern entsorgt.

Der Rundkurs ist tatsächlich ähnlich angelegt wie ein Drive-in einer beliebigen Fast-Food-Kette. Die Boxen sehen etwas schäbig aus und nicht besonders stabil, einfache Bretterverschläge mit Plastikplanen davor. Man wundert sich schon ein bisschen, wie diese Baracken die stolze Summe von 2,4 Millionen Schweizer Franken verschlingen konnten. Kritisiert wird auch die Geschäftstüchtigkeit der Stadt Zürich in Prostitutionsfragen, denn die Frauen müssen der Stadt eine Kommission von fünf Franken bezahlen. Macht das die Stadt nicht zum Zuhälter? Das kann man sich schon fragen. Über den Erfolg streitet man sich heute. Der Platz ist nicht sehr gut besucht, die Freier vermissen die Anonymität des Strassenstrichs, die sichtbare Präsenz von Polizei und Sicherheitsdiensten schreckt sie ab. Sie beschweren sich (anonym, im Netz) auch über das mangelnde Angebot: Zu wenig Auswahl, und wo bitte sind die scharfen Ungarinnen geblieben? Ja, wo?

Die Frage, wohin die Frauen und die Freier ausgewichen sind, muss man sich stellen. Dafür muss auch der grösste Gegner zugeben, dass es schön ist, das Sihlufer entlangzuspazieren, wo es grünt und blüht, ohne belästigt zu werden, ohne menschlichen Exkrementen und gebrauchten Kondomen ausweichen zu müssen. Und das war ja auch ein erklärtes Ziel dieses Versuchs: Die negativen Auswirkungen des Strassenstrichs auf die Bevölkerung zu verringern. Und klar, auch bessere Bedingungen für die Sexarbeiterinnen zu schaffen. Diese sind aber nicht so glücklich mit den Boxen, die ihren Verdienst drastisch verringert haben. Obwohl viele von ihnen die Infrastruktur durchaus schätzen, das Angebot medizinischer und sozialhelferischer Betreuung, die Sicherheit, die Sauberkeit. Aber unter dem Strich – sorry – am Ende geht es bei der Prostitution um Geld. Das Geld muss stimmen, nicht nur in Zürich, aber in Zürich besonders.

Wo die wilden Kerle wohnten

»Von mir aus, Tante Turica! Dann erzähl halt! Von all den Männern, die dich geliebt haben ...«

Das ist ja wohl das Letzte, was man von einer Verwandten erfahren will! Aber sie lässt sich nicht aufhalten:

»Die besten Köpfe jeder Generation«, seufzt sie. »Ich hatte sie alle! Sie kamen alle zu mir: Einstein, Lenin, Joyce, Tucholsky und Thomas Mann ... Ach, und die wilden Jungs, die Dadaisten ... Tristan Tzara, Hugo Ball ... Das hättest du mir gar nicht zugetraut, was?« Sie setzt sich einen konischen Papierhut auf die perfekte Frisur und blinzelt schräg zu mir auf. »Trau nie deinem ersten Eindruck«, sagt sie ernst. »Urteile nicht vorschnell!«

Machen wir uns auf die Spuren der Funken sprühenden Affären, die Zürich immer wieder hatte. Mit den Vertriebenen, den Verfolgten, denen, die auf der Flucht waren, auf der Durchreise. Auf ein Visum warteten. Zürich nahm sie auf. Zürich duldete sie, schätzte sie bisweilen sogar. Aber es inspirierte sie nicht. Sorry, Tante! Früher oder später gingen sie alle wieder. Die meisten von ihnen hielten sich im berüchtigten Niederdorf auf, der mittelalterlichen Altstadt von Zürich, die zu Recht als Touristenfalle und Partymeile verschrien ist und die trotzdem ihren ganz eigenen Charme hat.

Am Eingang zu diesem »Dörfli«, am Bellevue-Platz also, finden Sie drei Lokale. Drei Lokale, in denen sich über kurz oder lang all die Männer aufgehalten haben, auf die Tante Turica so stolz ist. Unter uns, ich finde das etwas peinlich: Die meisten waren ja nicht freiwillig hier. Zurück zu den Lokalen, die jedes auf seine eigene Art überbewertet sind. Dafür voller Geschichte − und Geschichten. Da ist erst einmal die ehrwürdige »Kronenhalle«, in der man unter Originalgemälden von Miro, Picasso und Varlin sitzen darf − wenn man den richtigen Tisch zugeteilt bekommt. Es gibt da eine gewisse Hierarchie innerhalb des Hauptraums der Brasserie. Aber immer noch besser am falschen Tisch zu sitzen als im falschen Raum, im Hinterzimmer nämlich oder, noch schlimmer, im ersten Stock mit den Touristen und No-Names. Hier sollen gestandene Männer in Tränen ausgebrochen sein ob der Schmach, ins Hinterzimmer verbannt zu werden. Umgekehrt kann man mit dem richtigen Tisch mehr Eindruck schinden als mit der teuersten Uhr am Handgelenk. Natürlich kann man versuchen, einen Tisch zu bekommen. Natürlich kann man einen »Balleron-Salat« bestellen, der aus aufgeschnittener Wurst und Zwiebeln besteht. Man kann sich den Hals verrenken und hoffen, dass man jemand Berühmten unter einem berühmten Bild sitzen sieht. Und hoffen, dass irgendetwas von den geschichtsgetränkten

Wänden auf einen herabtropft. Etwas wie Grösse. Wie Inspiration.

Man kann aber auch mitten zur grössten Lunch-Rush-hour einfach frech hereinspazieren und behaupten: »Einen schönen guten Tag, ich bin hier mit Walter Serner zum Mittagessen verabredet.« Während der Oberkellner nachschaut, ob eine Reservation unter diesem Namen vorliegt, hat man Zeit, sich ungeniert umzusehen. Und festzustellen, dass die berühmten Bilder interessanter sind als die Menschen, die unter ihnen sitzen. Vermutlich wird man ohnehin nichts Interessanteres beobachten als angestrengte Männer in zu teuren Hemden, die zu laut reden. Als ich das letzte Mal da war, hat mir ein Werber sein System erklärt, dank dem er immer und überall frisch gebügelte Hemden auf Vorrat zur Verfügung hat. Die Einzelheiten habe ich leider vergessen. Es ist auch schon eine Weile her. Und nun kommt auch schon der Oberkellner zurück, der eine dem Lokal angemessene literarische Bildung hat, und sagt streng, aber nicht unfreundlich: »Mein liebes Fräulein Tigerin, Herr Serner hat leider weder heute noch morgen einen Tisch hier reserviert und auch sonst nichts von Bedeutung für Sie hinterlassen!« Vor einer so stilvollen Abfuhr kann man sich nur verneigen. Es gibt ohnehin nichts zu sehen.

Also überqueren wir die Rämistrasse und stehen vor einer Apotheke, die früher zum »Café Odeon« gehörte. Und wir seufzen einmal tief, denn wir hatten auch einmal die Vorstellung, dass sich die Vergangenheit eines Ortes von den geschichtsgetränkten Wänden hinab auf uns übertragen würde. Als wir jung waren. Ende der Achtzigerjahre, wir hatten gerade unser eigenes literarisches oder eher antiliterarisches Magazin gegründet

(Sans Blague, Magazin für Schund & Sünde, Auflage: 250 Exemplare). Abendelang hingen wir im »Odeon« herum und teilten uns die billigsten Getränke auf der Karte, rauchten Kette und fragten uns, warum wir uns nicht grösser fühlten. Inspirierter. Mehr Dada. Alle unsere Vorbilder hatten hier gesessen. Und Literaturgeschichte geschrieben. Warum nicht wir?

Das »Café Odeon« hat eine schöne und traurige Geschichte. Eröffnet wurde das Kaffeehaus nach Wiener Vorbild 1911, nachdem der vor dem Konkurs stehende Bauherr das grosse Los bei der Landeslotterie gewonnen hatte. In den Jahren bis zum Ersten Weltkrieg konnte man hier die ganze Nacht sitzen, Polizeistunde war ein Fremdwort. Zu den Stammgästen gehörten Albert Einstein, Le Corbusier, Lenin, James Joyce, Karl Kraus, Erich Maria Remarque, Kurt Tucholsky, Ernst Rowohlt, Klaus Mann und Alfred Kerr. Und Ferdinand Sauerbruch, der Direktor des Kantonsspitals – der sich dem Gerücht nach den Champagner aus einer Kaffeekanne servieren liess, damit keine Zweifel an seinen chirurgischen Fähigkeiten aufkämen. Apropos Champagner: Im »Odeon« wurde nicht nur Literaturgeschichte geschrieben, sondern auch die Zürcher Unsitte des »Cüpli«-Trinkens erfunden. Das Odeon war nämlich das erste Lokal, das Champagner nicht nur flaschenweise, sondern auch im Glas, beziehungsweise in der Sektschale, der »Coupe«, anbot. Das konnten wir uns aber nicht leisten, und ich dachte damals schon: Es ist nicht mehr wie früher.

Als ob ich gewusst hätte, was früher war! Ja, die Dadaisten um Hans Arp und Sophie Taeuber-Arp, Hugo Ball und Emmy Hennings hingen wie wir siebzig Jahre später im »Odeon« herum und vergrätzten die Kellner, weil sie viel zu wenig konsumierten und viel zu lange dasassen. Trotzdem rühmt sich das Café noch heute damit, dass hier der Dadaismus entsprungen sei. Das war aber gegenüber, im »La Terrasse«.

»Ich erkläre, dass Tristan Tzara das Wort Dada am 8. Februar 1916 um 18 Uhr abends eingefallen ist: Ich war mit meinen zwölf Kindern dabei, als Tara zum ersten Mal dieses Wort aussprach, das in uns eine berechtigte Begeisterung auslöste. Dies ereignete sich im ›Café Terrasse‹ zu Zürich, und ich trug gerade eine Brioche im linken Nasenloch.« So weit Hans Arp in seinem dadaistischen Manifest.

Also überqueren wir die Strasse und betreten das wunderschöne »La Terrasse«, das seinen Namen aus seiner Vergangenheit bezieht. Denn in dem Gebäude befand sich einmal ein Hotel, das vor allem bei vornehmen Globetrottern beliebt war, die Ruhe und Erholung suchten. Der Hoteldirektor führte sie jeweils als Erstes aufs Dach, auf die einzigartige Terrasse, und liess sie die Aussicht auf die Alpen und den See geniessen. Noch um die Mitte des 19. Jahrhunderts waren die Ufer des unteren Zürichsees grüne, lauschige Gestade. Das Hotel lebte denn auch vor allem vom Schiffsverkehr. Mit dem Aufkommen der Eisenbahn verschob sich Zürichs Stadttor zunehmend zum neuen Hauptbahnhof. Immer mehr wurden die Zimmer fest vermietet, und im Ersten Weltkrieg stellte das Grand Hotel seinen Betrieb ganz ein. Für das Kino, das 1921 im Parterre eingerichtet wurde, mauerte man die Arkaden zu und vereinfachte die Fassade des Hauses. Das um die Jahrhundertwende eröffnete »Café de la Terrasse« florierte aber. Es war als Treffpunkt der Künstler und Intellektuellen bekannt, bis diese »en bloc« ins »Odeon« auf der anderen Strassenseite übersiedelten. Das Lokal wurde geschlossen und 1956 neu als Nightclub-Kabarett eröffnet. Und siehe, die Künstler kamen zurück. In den Achtzigerjahren galt es unter Medienschaffenden als schick, sich dort zu treffen und so zu tun, als sähe man die nackten Brüste der Tänzerinnen gar nicht. Obwohl das »Terrasse« im Volksmund abschätzig – und auf seine Stammkundschaft anspielend – der »Gemeindeschreiber-Strip« genannt wurde, trat dort immerhin auch Josephine Baker auf. Doch auch Stripshows haben eine Halbwertzeit. Kurz vor Schluss wurden auch alternative Shows gezeigt, wie die der Pionierin der feministischen Pornografie, Annie Sprinkle.

Um die Jahrtausendwende wurde das Haus für fünfzig Millionen renoviert, das Kino verschwand, dafür wurden die Arkaden wieder geöffnet, und das »La Terrasse« wurde seiner ursprünglichen Bestimmung als Grand Café zurückgeführt.

Oh, und im ehemaligen Hotel befinden sich heute Luxuswohnungen mit riesigen Terrassen und eigenen Innenhöfen. Die Miete beträgt dem Gerücht nach 20 000 Franken pro Monat.

Warum die Dadaisten aus ihrem Stammlokal vertrieben wurden, weiss man heute nicht mehr. Man kann es aber leicht nachvollziehen. Es gibt wohl kein schöneres und zugleich ungastlicheres Lokal in der ganzen Stadt. Heute wird man weniger hinausgeworfen als schlicht vergessen, ignoriert. Absolut denkbar, dass der eine oder andere Gast hier zur Mumie vertrocknet. Doch es gäbe bestimmt schlimmere Tode als die Ewigkeit in diesem wunderbaren lauschigen Garten zu verbringen, umgeben von schönen Menschen.

Was aber wohl als bewiesen gelten muss: Es liegt nicht an den Räumlichkeiten, es liegt an den Menschen, die sich in ihnen aufhalten. Ob Literaturgeschichte entsteht oder nicht. Wir akzeptieren das zähneknirschend und gehen weiter. Zurück in die Altstadt. Noch anfangs des 20. Jahrhunderts war das Niederdorf eine Art Stadtslum. Wer immer es sich auch nur halbwegs leisten konnte, wohnte woanders. Wo es besser roch. Obwohl auch in der Altstadt während der Kloakenreform zwischen 1867 und 1868 Kanalisationsrohre in den Boden verlegt worden waren, roch es muffig in den engen Gassen, ohne Sonne, ohne Licht, ohne saubere Luft. 1929 wohnten um die 22 000 Menschen unter schlechtesten Bedingungen zusammengepfercht in den baufälligen Altstadthäusern.

Wer sich ein Bild von der Abfallentsorgung vor der Kloakenreform machen will, kann beim Baugeschichtlichen Archiv der Stadt Zürich eine Führung durch einen der ehemaligen Ehgräben buchen. In diese schmalen Gänge zwischen den Häusern wurden die Abfälle und Latrinen der angrenzenden Häuser entleert – einfach aus den Fensterluken in den offenen Graben hinab. Für die Reinigung der Gräben waren die Anrainer zuständig. Sie beauftragten die »Ehgraben-Räumer« damit, den Unrat regelmässig wegzubringen.

Keine einfache Aufgabe. Die Lücke zwischen den Häusern ist nicht nur sehr eng, es dringt auch kaum Licht, geschweige denn frische Luft in die Gasse hinein. Auch der Anschluss an die Kanalisation machte die Arbeit der Räumungstruppen nicht unbedingt angenehmer: Zwar wurde der Kot nun in sogenannten Abtritts-kübeln gesammelt, der Urin floss aber weiterhin durch kleine Löcher im Kübel ungehindert in den Gang hinaus. Die Gasse hat ein leichtes Gefälle. Urin und andere Flüssigkeiten wurden so direkt in die Limmat geleitet. Erst 1926 wurde die erste Kläranlage in Betrieb genommen.

Am Anfang des 20. Jahrhunderts wurde Zürich kräftig von der Arbeiterbewegung durchgeschüttelt. Bourgeoisie und Arbeiterschaft stiessen in Zürich besonders heftig aneinander, weil die Stadt der Standort vieler Industriebetriebe und gleichzeitig die Hochburg des reichen Bürgertums war. Nicht umsonst wählte Wladimir Lenin, der Anführer der russischen Kommunisten, Zürich als seinen Aufenthaltsort in der Schweiz. Er lebte von 1916 bis kurz vor der Oktoberrevolution in Zürich und vollendete hier sein Werk »Der Imperialismus als höchstes Stadium des Kapitalismus«. In der Spiegelgasse 14, wo Lenin zur Untermiete gewohnt hat, soll es gottsjämmerlich gestunken haben – im Erdgeschoss befand sich damals eine Metzgerei. Und so zog sich Lenin zur Arbeit in Cafés, Bierhallen und Kabaretts zurück. Gut möglich, dass er sich damals auch im »Cabaret Voltaire« an der Spiegelgasse 1 aufhielt, wo die Dadaisten schliesslich ihre Heimat gefunden hatten. Und wo sie heute wieder residieren, nach einigem Hin und Her mit der Stadt. Allerdings sind sie ein bisschen vernünftiger geworden, pragmatischer, dem Zeitgeist angepasster. Trotzdem ist es einen Besuch wert, vor allem, wenn dort die »Icon Poet«-Wettbewerbe stattfinden, bei denen Begriffe zusammengewürfelt und innert neunzig Sekunden zu Texten verarbeitet werden müssen. Die Veranstaltungen sind auch bei namhaften Schweizer Autoren beliebt. Schlagen Sie das aktuelle Angebot im Veranstaltungskalender nach, und wenn Sie schon einmal dort sind, nehmen Sie einen Stadtplan mit, der zum 99. Jubiläum 2015 herausgegeben wurde. Er verrät viele bisher unbekannte Details – wie die Tatsache, dass es in Lenins Zimmer unerträglich gestunken hat –, die in vier Kategorien unterteilt sind: Revolte, Amusement, Psyché und Dada. Unter dem Stichwort Psyché wird zum Beispiel die Behauptung aufgestellt, dass Dada bei aller Verspieltheit stark zwangsneurotische Züge hatte. Das allein gibt Ihnen genügend Stoff zum Nachdenken.

Wenn Sie so etwas verträumt, in Gedanken versunken durchs Niederdorf spazieren, kann es sehr gut sein, dass Ihre Nase den Geruch exotischer Gewürze aufnimmt oder ganz einfach den von frisch gemahlenem Kaffee und ihre Füsse Sie automatisch einmal ums Eck zur Münstergasse leiten, wo Sie die alteingesessene Kolonialwarenhandlung Schwarzenbach betreten. Dieses Geschäft befindet sich seit fünf Generationen im Familienbesitz und seit über hundert Jahren an derselben Adresse. Und es sieht aus, als hätte es sich in dieser ganzen Zeit nicht verändert. Was natürlich nicht ganz stimmt, aber trotzdem ein schöner Gedanke ist. Und tatsächlich stammen die Ladeneinrichtung, Verkaufstheke, Wandregale alle noch aus der Zeit der Ersteröffnung und machen heute einen grossen Teil des Charmes des Ladens aus. Dabei wollten die Eltern des heutigen Geschäftsführers den Laden in den Siebzigerjahren durchaus modernisieren und auf Selbstbedienung umstellen, wie es damals gerade Mode wurde. Aus der Kolonialwarenhandlung wäre ein Mini-Supermarkt geworden,

den es vermutlich heute nicht mehr gäbe. Aber zum Glück für uns alle fehlte ihnen schlicht das nötige Kleingeld dazu. Gott sei Dank, kann man da nur sagen. Die 1998 eröffnete Teestube hingegen kann durchaus als Bereicherung gesehen werden. Trotzdem – wie kann sich so ein Geschäft zwischen Nobelboutiquen und Zweitwohnungen halten? Ganz einfach, das Gebäude befindet sich in Familienbesitz.

Gut möglich auch, dass Ihnen, wenn Sie so durchs Niederdorf flanieren, eine von zwei lokalen Landplagen begegnen: Am Wochenende sind das die Bachelor-Partys und Hen's Nights, eine Unsitte, die aus dem angelsächsischen Raum angeschwemmt wurde. An manchen Tagen kommen Sie keine hundert Meter weit, ohne dass Sie von einer Horde betrunkener junger Männer oder Frauen in lustigen Kostümen angehauen, um ein Foto gebeten oder ungefragt abgeküsst werden. Ein bisschen zivilisierter und meist nüchtern, aber nicht weniger lästig sind die »Foxtail«-Jäger. Sie befinden sich auf einer Art organisierter Schatzsuche, bei der sie gleichzeitig die Innenstadt kennenlernen. An sich ein interessantes Konzept, aber zu erfolgreich. Die Bewohner, anfangs noch hilfsbereit, reagieren unterdessen gereizt, wenn sie Gruppen begegnen, die grüne Bänder um den Hals und ausgedruckte Stadtpläne in der Hand halten. Sie machen einen weiten Bogen um die Neugierigen. Also, wenn Sie an der einen oder anderen Strassenecke, vor dem einen oder anderen Geschäft ein Hinweisschild sehen, auf dem »Hier kein Foxtail!« steht, dann wissen Sie jetzt auch, warum.

Zurück zur Geschichte des Quartiers: 1928 gewannen die Sozialdemokraten zum ersten Mal die Mehrheit der Sitze im Stadtrat. Das »rote Zürich« führte zahlreiche Neuerungen in allen Bereichen des städtischen Lebens ein. Jetzt wurde auch »Gässchen-Elend« in der Altstadt zum politischen Thema. Städtische Architekten dachten darüber nach, das ganze Quartier niederzureissen und durch moderne Siedlungen zu ersetzen. Oder wenigstens »richtige« Strassen durch die Altstadt zu ziehen. Um dies zu verwirklichen, kaufte die Stadt Haus um Haus, vor allem am Neu- und am Rindermarkt, wo eine Verlängerung der Zähringerstrasse bis zum Obergericht geplant war. Diese Liegenschaften gehören der Stadt bis heute. Die grossen Abbruchpläne scheiterten 1942 am Widerstand des Kantons, der schon damals die Altstadt erhalten wollte. Nach diesem Veto begann die Stadt, ihre Politik um 180 Grad zu drehen. Die Altstadt solle bewahrt, nicht abgerissen werden. Und während Zürich rundherum wucherte, blieb das Dorf das Dorf. Wenn es heute noch Handwerker und Altstadtoriginale gibt, dann nur deshalb, weil die Stadt eine pragmatische und realistische Vermieterin ist.

Und auch wenn meine eitle Tante Turica gerne so tut, als hätten nur berühmte Männer hier gelebt, das stimmt nicht. Im Niederdorf lebten auch berühmte Frauen. Zum Beispiel die Schriftstellerin und Journalistin Laure Wyss, die als Fernsehpionierin neue Formate schaffte und als erste – und bis heute einzige – Chefredakteurin des heutigen Magazin, damals Tagi-Magi, gleich mit einer Bombe einstieg. Die Titelgeschichte der ersten Nummer hiess: »Make war not love – Frauen gegen Männer«.

Oder die Antwort der Schweiz auf Simone de Beauvoir, Iris von Roten. Die Anwältin, Schriftstellerin und

Feministin, die ihrer Zeit weit voraus war, wurde gar einmal verhaftet, weil sie nach Einbruch der Dunkelheit allein vom Hauptbahnhof nach Hause ging, eben Richtung Niederdorf. Das konnte nur eins bedeuten, schlossen die Streifenpolizisten messerscharf. Erst recht, weil die sehr schöne Frau Lippenstift und – Gipfel der Sündhaftigkeit! – einen Leopardenfellmantel trug. Meines Wissens war Iris von Roten leider auch die letzte Schweizer Feministin, die sich anmasste, Intellekt und Schönheit zu verbinden, und immer grössten Wert auf elegante Kleidung und Schuhwerk legte. Ihr Meisterwerk »Frauen im Laufgitter« wird immer wieder neu aufgelegt. Leider hat sich die Alltagsrealität der Schweizer Frau seit seinem ersten Erscheinen im Jahr 1958 gar nicht so viel verändert. Der Kurzschluss »Frau ohne Mann gleich Prostituierte« hielt sich in Zürich übrigens noch länger. So wollte meine Mutter Mitte der Siebzigerjahre mit zwei Bekannten in einem Zürcher Zunfthaus zu Mittag essen. Drei bürgerliche Hausfrauen aus der Vorstadt, mit Einkaufstüten behängt. Bevor ihnen aber ein Tisch zugewiesen werden konnte, rief der Oberkellner die Ehemänner an, die für das sittliche Verhalten der hungrigen Damen bürgen mussten.

Die Altstadt rechts der Limmat, das Nieder- und das Oberdorf, zusammengefasst das »Dörfli« – das war das Coolste, was ich mir mit dreizehn, vierzehn vorstellen konnte, als ich endlich in der Stadt lebte und hier zur Schule ging. Ich nutzte jede Mittagspause zu einem Ausflug – und manchmal machte ich aus der Mittagspause unerlaubt gleich einen freien Nachmittag. Hier waren die angesagten Boutiquen, die Plattenläden, die Cafés. Im »Booster« am Stüssihof, wo Punkmode angeboten wurde, als Zürich – mich eingeschlossen – noch mehrheitlich in bodenlangen Hippiefähnchen herumlief – liess man uns Jugendliche in Ruhe. Stundenlang probierten wir im Obergeschoss Stilettos aus den Fünfzigerjahren an und hörten Musik, die uns noch fremd war. Der Laden wurde ursprünglich als Selbsthilfemassnahme gegründet, weil die Besitzer Pierre und Irene Montandon in Zürich weit und breit keine Röhrenjeans finden konnten. Als die Punkbewegung auch Zürich ergriff, wurde das Geschäft zum Szeneladen schlechthin, und so ist es bis heute geblieben. Das Sortiment hat eine klare Linie, das gesamte erste Stockwerk ist immer noch der wahr gewordene feuchte Traum jeder Schuhfetischistin (mit anderen Worten: jeder Zürcherin!), und man wird nach wie vor in Ruhe gelassen. Nur rauchen und Bier trinken darf man hier seit etwa zehn Jahren nicht mehr, aber das macht niemanden traurig.

Wenn wir genug vom Punk hatten, konnten wir am Rosenhofmarkt in die vergleichsweise sanfte Flower-Power-Atmosphäre eintauchen, mit den Verkäufern von handgestrickten Pullovern und selbst veröffentlichten Gedichten tiefsinnige Gespräche führen, uns aus der Hand lesen lassen und uns mit diesen seltsam mehligen, eigenartig tröstlichen Gebäckklumpen, die die Jünger von Hare Krishna mit mildem Lächeln verteilten, den Magen füllen.

Ein anderes Lokal, das sich kaum verändert hat, ist die »Bodega Española« an der Münstergasse. In dieser »Spanischen Weinhalle« bestellten wir unsere ersten alkoholischen Getränke – harmlosen Rosado in der Karaffe, der leicht trinkbar ist, aber mit dem man sich nicht wirklich betrinken kann, schon gar nicht mit dem

Taschengeld einer Schülerin. Trotzdem fühlten wir uns recht weltgewandt an den grossen Tischen, an denen Studenten neben Schauspielern sassen, Touristen neben Stadtoriginalen. Und wo zwei dünne Mädchen von Tapas für fünf Franken satt werden konnten. In der Bodega scheint die Zeit seit ihrer Eröffnung 1874 stehen geblieben zu sein, und ich möchte schwören, dass am runden Tisch noch dieselben Typen vor ihrem Rioja sitzen wie vor dreissig Jahren. Und der Kellner häuft die Tapasteller für ein schönes Lächeln immer noch ein wenig grosszügiger auf.

Dass das »Dörfli« zu der Zeit schon nicht mehr cool war, dass man es Biederdorf nannte, wusste ich damals nicht. Ich mochte es, ich mochte es auch ein paar Jahre später noch, als ich die Buchhändlerlehre am Predigerplatz machte. Und jeden Morgen über den Neumarkt durch die Froschaugasse zur Arbeit lief, vorbei an der legendären Buchhandlung Pinkus, gegründet vom Traumpaar der lokalen Linken, unserer Version von Sartre und de Beauvoir, Theo und Amalie Pinkus. Das ist übrigens kein Künstlername: Theo Pinkus war der Sohn eines Bankiers und Schriftstellers und besuchte als solcher eine Privatschule, bis die Bank seines Vaters in Konkurs ging. Schon als Schüler politisch engagiert, machte er eine Verlagsbuchhändlerlehre in Berlin und trat dort 1929 der KPD bei. 1933 wurde er folgerichtig von der SA verhaftet. Der damalige Schweizer Botschafter riet ihm nach seiner Freilassung dringend, in die Schweiz zurückzukehren: »Jude, Kommunist und Ausländer, das ist ein bisschen viel!« Amalie De Sassi hatte einen vollkommen anderen Hintergrund, ihre Eltern waren italienische Einwanderer, die Mutter Heimarbeiterin, der Vater verkaufte geröstete Kastanien und Gemüse (»Maronibrater« war denn auch die damals aktuelle abfällig gemeinte Bezeichnung für italienische Gastarbeiter). Mit sechzehn verlor sie beide Eltern, musste aus der Schule austreten und als Hilfskraft arbeiten. Später führte sie mit ihrem Mann die Buchhandlung und den Verlag, sie wurde eine der führenden (okay, auch wenigen) Frauenrechtlerinnen der Schweiz. Das ungleiche schöne Paar war in eine lebenslange engagierte Diskussion verwickelt. Es brachte mich auch dann noch zum Träumen, wenn ich, wie immer ein bisschen zu spät, zu meinem Arbeitsplatz hetzte. Würde ich auch einmal einen solchen Seelenverwandten finden, jemanden, der meine Träume teilte, meine Visionen? Oder musste ich dazu erst solche entwickeln?

Manchmal wurde ich während der Arbeitszeit in die Zentralbibliothek geschickt, um zu »bibliografieren«. Statt Google öffnete ich reale Holzschubladen, in denen auf mechanischen Schreibmaschinen mit unterschiedlichen sichtbaren Buchstaben betippte, zum Teil von Hand x-mal überschriebene Karteikärtchen steckten. In der Mittagspause sassen wir im »Café Marion« an der Ecke und wunderten uns, dass uns die hübschen Jungs dort so gar nicht beachteten. Dann wechselten wir ins kooperativ geführte »Café Zähringer«, wo uns die hübschen Jungs sehr wohl zur Kenntnis nahmen und uns (typisch zürcherisches Flirtverhalten!) stundenlange Vorträge darüber hielten, dass wir eine sinnentleerte, bürgerliche Existenz führten und als Verkäuferinnen quasi Teil des kapitalistischen Systems seien. Und ich glaube, dort hörte ich auch zum ersten, aber nicht zum letzten Mal den legendären Anmachspruch »Du siehst gar nicht so übel

aus – für eine Buchhändlerin!«. Über den sprichwörtlichen Charme der Schweizer Männer lasse ich mich
hier aber nicht noch einmal aus.

Ich mochte das Niederdorf, und ich mag es heute
noch. Es war der Ort, an dem ich den ersten Fuss in das
setzte, was ich für die grosse weite Welt hielt. Und weil
ich es schnell einmal kannte und überschauen konnte,
überforderte es mich nicht. Im Gegensatz zur Langstrasse, zu den Kreisen 4 und 5, wo es damals schon »richtig abging«, wo das wahre, das harte, das unverstellte
Leben spielte. Ich weiss, ich habe versprochen, Sie dahin-
zuführen. Geduld, es ist noch nicht dunkel. Verlassen
wir das Niederdorf, bevor die nächste Bachelor-Party
ausrückt. Das Dörfli – es war und es bleibt ein Dorf, ein
Dorf, das Weltstadt spielt. In diesem Sinne steht es eben
doch für die ganze Stadt.

Der diskrete Charme des Stadtrands

»Örlikon, Dein Ruhm ist unerreichbar, Örlikon, Dein Glanz ist unvergleichbar, Stern unter den Sternen ...« So heisst es in einem nostalgischen Lied. Vor etwa zwanzig oder fünfundzwanzig Jahren hatte ich einen Schreibtisch im ersten Stockwerk des alten Bahnhofsgebäudes in Örlikon. Demselben Bahnhof, über den sich die beiden berühmtesten Örliker Schriftsteller, Franz Hohler und Niklaus Meienberg, schon gemeinsam lustig gemacht hatten. So steht es in Hohlers berührendem Nachruf auf Meienberg:

»Als wir zusammen am Oerliker Bahnhof standen
und spotteten über das Minishopville
das unter den Gleisen entsteht
und als Du dann Deine Hand hobst
zum Abschied
und in der Unterführung verschwandest
warum hab ich Dir da nicht nachgerufen:

Lieber Niklaus
bleib noch ein bisschen!«

Er blieb nicht, er ging, der wilde Kerl. Und mir gefiel
das pompöse, wichtigtuerische Gebäude, das irgendwie
zu gross für seine Schuhe war. Ebenso wie das Büro, das
ich mit einem späteren Stadtrat und mit dem Kulturver-
mittler Nikolaus Wyss teilte. Dieser wohnte damals in
Schwamendingen, wo er unter anderem die »Grosse
Schwamendinger Oberdorfoper« produzierte. Auf seiner Visitenkarte stand nicht grossspurig, wie es damals
üblich war, auch wenn es gar nicht stimmte, »Zürich –
Paris – New York«, sondern »Schwamendingen – Örlikon – Glattbrugg«. Nicht aus Trotz, sondern aus genu-
iner Verbundenheit mit dem damals absolut uncoolsten
aller Aussenquartiere, die Zürich anzubieten hatte. Doch
Wyss hatte den richtigen Riecher. Heute sind die Aussenquartiere in. Der Zürcher Norden, die Stadtkreise 11
und 12, gehören für die einen gar nicht richtig zur Stadt
und haben sie für die anderen längst links aussen überholt. Örlikon heisst heute Neu-Örlikon und ist mit seinen innovativen Überbauungen Ausflugsziel für Touristen, Architekturstudenten und Stadtplaner aus aller Welt.
Doch neben der modernsten Architektur steht hier auch
der älteste Baum der Stadt: Die Sommerlinde in Örlikon ist zum Zeitpunkt, als ich dieses Buch schreibe,
292 Jahre alt. Sie wird auch »Dorflinde« oder »Gerichts-
linde« genannt, weil da, wo sie stand, früher Gerichts-
verhandlungen zu Ehestreitigkeiten und kleineren Straf-
fällen stattgefunden haben. Die Linde ist trotz ihres
hohen Alters noch topfit: In dem sich zersetzenden toten
Holz im Stammesinneren wachsen neue Wurzeln, der

Baum verjüngt sich selbst. Genau wie sein Quartier. Die Chance, dass sich irgendwelche nicht näher definierbare Kulturschaffende gegen eine bescheidene Miete im Bahnhof einquartieren dürfen, ist dafür heute allerdings eher klein.

Nikolaus Wyss ist unterdessen noch weiter nach Norden, nämlich nach Schlieren gezogen und politisiert jetzt im dortigen Stadtparlament. Seine Liebe für den Stadtrand ist ihm aber geblieben.

»Schwamendingen-Führungen haben bei mir Tradition«, sagt er. »Ich begann damit 1982 im Rahmen der Herausgabe der Zeitschrift ›Der Alltag – Sensationen des Gewöhnlichen‹. Wie dieser Titel schon sagt, waren wir damals mit Alltäglichem beschäftigt und versuchten, diesem grauen Einerlei etwas Sensationelles abzugewinnen, ihm Struktur zu verleihen und es ins Bewusstsein zu rücken. Dafür gibt es unterschiedliche Darstellungsformen. Neben Schreiben und Filmen und Vorträgen versuchte ich es auch mit Führungen durch langweilige, sensationslose Agglomerationen. Und da ich damals in Schwamendingen lebte und dort auch mein Büro hatte, und da der Ruf Schwamendingens den Anforderungen an eine langweilige Agglomeration aufs Beste nachkam, startete ich dort meine geführten Vorortwanderungen, an denen einzig sensationell war, dass Leute sich überhaupt auf eine solche Erkundungstour machten.

Der Erfolg überraschte mich, und so wurde daraus ein touristisches Produkt, das ich während zehn Jahren regelmässig anbieten durfte, auch noch zu Zeiten, als ich längst weggezogen war. Mich interessiert das Gefälle zwischen Agglomerationen und Zentrum, wie es bei fast allen grösseren Städten auf dieser Welt wahrnehmbar ist. Wie laufen die Verbindungen? Wie sind die Identifikationen der Bewohner geprägt? Was zeichnet Vororte denn überhaupt aus? Diese Mischung aus Provinz, die sich auch in konservativem Wählerverhalten ausdrückt, und Städtischem, wo meistens der Arbeitsplatz steht und wo man chic auswärts essen geht, wenn man etwas zu feiern hat, das ist doch sehr spannend. Und wie fügen sich hier die Menschen mit Migrationshintergrund ein? Wie sehen die Schnittstellen zu den ›Einheimischen‹ aus, die ja selbst oft auch erst zugezogen sind? Wie verhält es sich mit der von jeder politischen Couleur eingeforderten Integration?

Als ich nach Schlieren zog, begann mich neben den obgenannten Fragen auch der Vergleich zu interessieren. Was ist anders in Schlieren als in Schwamendingen? Ich entdeckte, dass Agglomeration nicht gleich Agglomeration ist, dass jede Agglomeration ihre eigene Färbung aufweist, ihr eigenes Profil, das sich von demjenigen eines anderen Vororts erheblich unterscheidet. So kommt es, dass ich heutzutage sowohl Führungen durch Schlieren wie auch wieder Führungen durch Schwamendingen anbiete. In ihrer Tonalität kommen sie jeweils sehr unterschiedlich heraus.«

Das will ich selbst sehen, und so stehe ich an einem bitterkalten Novembernachmittag am Bahnhof Stettbach und höre die Stimme von Nikolaus Wyss aus einem Kopfhörer. So erfahre ich, dass das gewellte Dach über den Rolltreppen tatsächlich *nicht* gegen Regen schützt. Und dass erst der Anschluss an die elektrische Strassenbahnlinie Zürich-Örlikon-Seebach das, was damals noch ein Dorf war, in das Zeitalter der Industrialisierung katapultierte.

In den 1950er-Jahren stieg die Einwohnerzahl von ursprünglich 3000 relativ rasch auf 34 500 im Jahre 1966. 1971 wurden die Stadtkreise neu eingeteilt, und Schwamendingen wurde zum eigenen, neu geschaffenen Kreis 12 bestimmt.

Vor mehr als zwanzig Jahren lebte eine Schulfreundin in Schwamendingen. Sie war damals die Einzige, die wie ich schon Kinder hatte, und so besuchte ich sie ab und zu am schulfreien Mittwochnachmittag. Ich erinnere mich, dass ich mich regelmässig verirrte in den Strassen, die alle gleich hiessen, und in den Siedlungen, die auf den ersten Blick alle gleich aussahen. Und auch alle fast gleich hiessen: Heidwiesen, Roswiesen, Heerenwiesen, Kreuzwiesen, Wechselwiesen … Die Siedlungen sind in dem wenig attraktiven Landi-Stil gebaut, der in den Fünfziger- und Sechzigerjahren so beliebt war. Niedere Räume, kleine Fenster, Ziegeldächer. Auf dieser Führung erfahre ich endlich, warum hier wirklich fast nur Kleinverdiener leben: Die Mietpreise der Wohnungen werden nach Einkommen festgelegt. Verdient man plötzlich mehr, zahlt man für dieselbe Wohnung auch deutlich mehr. Und überlegt sich dann schnell einmal, ob man zu diesem Preis nicht auch in eine etwas prestigeträchtigere Gegend ziehen könnte.

Kurz vor Mittag war damals niemand auf der Strasse: Die Männer bei der Arbeit, die Frauen in der Küche. Bis um zwölf plötzlich Heerscharen von Schülern angerannt kamen. Wenn ich Glück hatte, konnte ich die Kinder meiner Freundin in der Masse ausmachen und nach Hause verfolgen.

Einmal erzählte ich in einer Runde von typischen Zürich-Snobs von meinen nachmittäglichen Ausflügen an den nördlichen Stadtrand. Mit der Reaktion hatte ich nicht gerechnet: Plötzlich wandten sich alle mir zu: »Wie, eine ganz normale Hausfrau in Schwamendingen? Meinst du das sinnbildlich, oder kennst du die wirklich?«

Dass ich »ganz normale« Menschen kannte, verschaffte mir in dieser Runde von Kultur- und Medienschaffenden ein unerwartetes Prestige. Ich hatte unseren Elfenbeinturm verlassen. Tatsache war damals schon, dass ich mich lieber mit meiner Schulfreundin unterhielt als mit meinen Berufskollegen. Weil sie die weitaus spannenderen Geschichten wusste. Statt von ihren neuesten Auflagenzahlen erzählte sie mir zum Beispiel von dem neuen Hausarzt im Quartier, der so gut aussah, dass sein Wartezimmer aus allen Nähten platzte. Alle Frauen und nicht wenige Männer litten plötzlich unter mysteriösen Allergien, die sie aber nicht daran hinderten, sich zum Arztbesuch sorgfältig herauszuputzen. Oder von der heimlichen Liebe einer Supermarktkassiererin zu einem Kunden erzählte sie, die in den zerdehnten Augenblicken zwischen »Das macht 27,80, bitte!« und »Zwei zwanzig macht dreissig, vielen Dank, einen schönen Tag noch« erwacht war. Die mit zarten Berührungen beim Geldwechseln, mit tiefen Blicken ausgelebt wurde, allenfalls mal mit hingekritzelten Kusskreuzen auf einem Kassenzettel. Einer Liebe, die vielleicht nur in der Phantasie der Kassierin existierte. Handfester dagegen die Affäre einer Nachbarin, die sich mit ihrem Liebhaber in der Mittagspause im Einkaufszentrum zu einem Quickie in den Toiletten traf, die Kinder deponierte sie unterdessen in der Spielecke im Untergeschoss. Diese sollten den Kundinnen eigentlich ungestörtes und deshalb ungehemmtes Einkaufen erlauben – sie war aber nicht die Einzige, die den Gütedienst der »Müüsliburg« für andere Zwecke nutzte. Ich kam aus dem Staunen nicht mehr heraus: Unter seiner einheitlichen und uninspirierten Oberfläche war Schwamendingen weitaus lebendiger als die verkrampft-unverkrampfte Innenstadt. Und das vor mehr als zwanzig Jahren. Heute ist das ein offenes Geheimnis: Der Norden bringt's.

Weiter mit Nikolaus Wyss im eisigen Wind, der uns ins Gesicht peitscht. Wir gehen die mehrspurige viel befahrene Überlandstrasse entlang. Die Hauswände sind abgasgeschwärzt, die Fenster doppelverglast, der Lärm kaum auszuhalten. Vielleicht sieht es hier besser aus, wenn die Sonne scheint – die Geräuschkulisse wird dieselbe sein. Wyss fordert uns auf, die Klingelschilder zu studieren: Wir werden hier kaum einen traditionell schweizerischen Namen finden.

Möglicherweise lebt hier auch Bendrit Bajra, der überraschende Newcomer der Comedy-Szene, der als neunzehnjähriger Autoersatzteilverkäuferlehrling auf Facebook entdeckt wurde, wo er mit ungelenk-charmanten, selbst gebastelten Selfievideos den »Unterschied zwischen Schweizern und Ausländern« aufzeigt. Nach Auftritten in der Schweizer Late-Night-Show »Giacobbo/Müller« musste er sich schon einen Manager suchen. Sein erklärtes Ziel ist, dass seine Eltern nicht mehr arbeiten müssen. Aber aus Schwamendingen wegziehen? Nie! »Schwamendingen ist meine Heimat, hier bin ich geboren, hier will ich bleiben!«

Wir gehen die alte graue Strasse entlang zum Amag-Areal. Wo früher Autos verkauft wurden, haben sich

Künstler und Kunsthandwerker eingerichtet – wenigstens vorübergehend.

Künstler, Kunsthandwerker, Handwerker, Kleinbetriebe sind so etwas wie die Bioprobe eines Wohnquartiers. Wenn sie wegziehen, weil sie sich die Mieten nicht mehr leisten können, dann zieht mit ihnen auch das wahre Leben aus. Das ist ganz einfach. Das Viertel wird gentrifiziert, aufgewertet, ein Begriff, der heute eigentlich nirgends mehr positiv gedeutet wird. Das Problem mit den Künstlern ist, dass sie sich, immobilientechnisch, ihr eigenes Grab schaufeln: Wo die Künstler sind, wollen bald auch die Werber und die Hipster wohnen. Werden bald schon Szenelokale eröffnet und so weiter, bis das Quartier die Leute, die es interessant gemacht haben, wieder ausspuckt.

In dieser spannungsgeladenen Phase befindet sich der nördliche Zürcher Stadtrand gerade. Und er vibriert förmlich. »Bis zum Trendquartier ist es noch ein weiter Weg«, winkt Szene-Gastronom Stefan Tamo ab, der das traditionelle Ausflugslokal »Ziegelhütte« 2010 übernommen hat. Der Name erinnert an die alte Ziegelbrennerei des Grossmünsters aus dem 16. Jahrhundert. Hier wurden die Dachziegel gebrannt, die sich bald überall gegen die bisher üblichen Strohdächer durchsetzten. Seit 1873 ist die »Ziegelhütte« eine Gastwirtschaft, wunderbar lauschig und nicht einfach zu erreichen, oberhalb des Quartiers Schwamendingen inmitten von Wiesen und Äckern gelegen. Vor allem im Winter bin ich schon stundenlang durch die immerhin wunderschöne Landschaft geirrt, Weiss in Weiss, und habe vergessen, dass ich mich immer noch in der Stadt Zürich befinde und erst noch auf dem Weg zu einem Szenelokal. Wie alles andere in Zürich ist natürlich auch die »Ziegelhütte« im Sommer am schönsten, wenn man den tausend Quadratmeter grossen Gemüse- und Kräutergarten bewundern, wenn man draussen sitzen und die Sicht über das ganze Glatttal geniessen kann. Das Hauptgebäude stammt aus dem 18. Jahrhundert; 1908 wurde daneben für den Sommerbetrieb die grosse Trinkhalle erstellt, wo heute der Sonntagsbrunch aufgetischt und Fussballspiele übertragen werden.

Ach ja, dann ist da noch die Siedlung Auzelg, wo ich damals mit meiner Schulfreundin und den Kindern hinspazierte, weil es dort Ponys zu streicheln gab. Die Häuser waren gross und baufällig, die Schuppen verwittert, die Gärten verwildert. Ein verwunschenes Paradies, dachte ich, die unbetroffene Aussenseiterin, damals. Und ich musste mich halblaut vergewissern, dass ich richtig gehört hatte: »Wie heisst das hier noch mal?«

»Das ist das Negerdörfli!« Das Negerdörfli. Ich schwör's. Weil früher dort die Armen wohnten, Zwangsenteignete, an den Stadtrand Vertriebene. Fabrikarbeiter mit russgeschwärzten Gesichtern aus Sizilien. Nicht aus Afrika, aber Ausland ist Ausland, schwarz ist schwarz. Es gab auch noch ein zweites, noch bekannteres Negerdorf in Seebach, das 1946 im Schlager besungen wurde und von dem der Chronist Reinhard Ochsner später schrieb: »Wenn wir Örliker Buben etwas erleben wollten, dann zogen wir an Samstag- und an Sonntagabenden ins ›Negerdorf‹ oder nach ›Tripolis‹.« Nun, die politische Korrektheit hat auch in Zürich Einzug gehalten, die Negerdörfli gibt es nicht mehr. Es sieht sogar aus, als hätte es sie nie gegeben. In Schwamendingen ist an seiner Stelle eine innovative, umweltgerechte Siedlung entstanden, die alternative Wohnformen begünstigt. Super. Aber die verwunschenen Gärten sind weg. Und die Ponys auch.

Nikolaus Wyss ist nicht zufällig in Schlieren gelandet. Schickere Wohngegenden inspirieren ihn nicht sonderlich: »Sollten es das Schicksal und mein Geldbeutel mir einmal erlauben, dass ich mich im Seefeld, am Zürichberg oder in Wiedikon ansiedle, so wird mich der Alltag auch dieser Quartiere beschäftigen. Er hat dort bestimmt ein so anderes Gepräge. Zum Beispiel steht er unter dem Druck, Erwartungen genügen zu müssen, die man an Bewohner einer solchen Umgebung stellt. Wer mehr Geld zur Verfügung hat, stellt auch Ansprüche. So entwickeln sich solche Gegenden und das Bewusstsein der dortigen Einwohner irgendwie anders, wobei wohl leicht feststellbar sein würde, dass der Druck auf den eigenen Alltag und dessen Verpflichtungen eher steigt. Man ist einerseits lärmempfindlicher und fordert vom Nachbarn grössere Selbstkontrolle. Man muss gegenüber den Nachbarn eine »gute Falle«, eine gute Figur, machen, damit man dort überhaupt akzeptiert wird, was wiederum Auswirkungen aufs Kleider- und Gärtnerbudget, auf die Erziehung der Kinder, auf Ferien und Automarken hat. Alltägliche Zwänge findet man überall, nur sind sie nicht überall dieselben ...«

Zürich ver-rückt

»Um Himmels willen, Tante Turica!« Was ist denn jetzt mit ihr los? Sie ist nicht wiederzuerkennen. Mit den Armen macht sie schlangenartige Bewegungen, als schreibe sie unsichtbare Buchstaben in die Luft, und ihre grauen Augen sind tiefschwarz. »Tante Turica, hast du etwa was genommen?«

»Wer, ich?« Sie biegt ihre Handgelenke zurück und inspiziert ihre Fingerspitzen, als hätte sie sie noch nie gesehen. »Wie kommst du denn darauf!«

»Na ja…«

»Ich nehme doch keine Drogen! Oder jedenfalls nur im Dienste der Wissenschaft…«

Wussten Sie, dass LSD in der Schweiz erfunden wurde? 1943 suchte der Chemiker Albert Hofmann im Labor in Basel nach der wirksamen Zusammensetzung eines Mittels gegen Kreislaufprobleme und erlebte die Wirkung einer Substanz, die verwirrende psychische und visuelle Effekte auslöst. Den Wirkstoff, den er in der Folge durch riskante Selbstversuche genauer kennenlernte, nannte er »LSD-25«. Diese Substanz hatte es in sich. Vor allem als bewusstseinserweiternde Droge in der Hippiekultur bekannt, wurde sie aber auch von den Geheimdiensten als »friedliche Kampfmunition« für Armeen erwogen. In der Psychiatrie wurde sie als Katalysator eingesetzt. In dieser Funktion wurde sie schon 1948 in der psychiatrischen Universitätsklinik Burghölzli in Zürich angewendet, um Modell-Psychosen auszulösen. Dabei ging man nicht unbedingt zimperlich vor – man probierte die noch nicht wirklich erforschte Wirkung der Substanz gleich direkt an den Patienten aus. Ähnlich brachial waren die eugenisch begründeten Methoden, die im Burghölzli von 1890 bis 1970 ganz ungeniert praktiziert wurden. Patienten, die als »erblich minderwertig« eingestuft wurden, wurden psychiatrischen Zwangsmassnahmen wie Kastration, Sterilisation und Schocktherapien unterzogen.

Gleichzeitig wurde mit dem psychoanalytischen Gedankengut des Wiener Neurologen Sigmund Freud experimentiert. C. G. Jung entwickelte eine Testmethode, um sogenannte Komplexe zu identifizieren. Auch Hermann Rorschach liess sich von diesem lebendigen, kreativen Forschungsklima inspirieren. Aber nicht nur unter den Ärzten waren grosse Namen, auch unter den Patienten gab es viele berühmte Künstler und Schriftsteller. Eine Diagnose, die ab 1910 vermehrt auftauchte, war die Neurasthenie, die Nervenschwäche, die dem heutigen Burn-out entspricht. Sie wurde unter anderem vielen Dadaisten gestellt. Ob es ein Dadaist war, der die Devise »Haste nie und raste nie, sonst kriegste die Neurasthenie!« ausgegeben hat? Andererseits konnte damals das Bekenntnis zum Dadaismus allein schon zu einer Diagnose führen. Dem Vater des unerreichten tragischen Schweizer Schriftstellers Friedrich Glauser zum Beispiel reichte es zu wissen, dass sein Sohn sein Studium vernachlässige und mit den Dadaisten herumhänge, um ihm zwangseinweisen zu lassen. Im Burghölzli wurde die Diagnose »moralischer Schwachsinn« gestellt. Dabei wollte Glauser nur schreiben. Doch dieses Ziel wurde von Vater, Vormund und Psychiater gleichermassen als wahnsinnig abgetan. »Ich begreife nicht, wie der Verfasser der Biografie Glauser als grossen Dichter, dessen Leben der Nachwelt zu beschreiben ist, ansehen kann. Ich habe ihn anders aufgefasst.« So begründete Burghölzli-Direktor Bleuler noch 1964 seine Weigerung, Glausers Patientenunterlagen für eine geplante Biografie offenzulegen.

Glauser wurde in diversen Kliniken interniert, haute immer wieder ab, trat der Fremdenlegion bei, arbeitete sogar einmal als Pfleger in einer Klinik, vergriff sich gewohnheitsmässig an verschreibungspflichtigen Medikamenten. Er wurde unter Vormundschaft gestellt, mit einem Eheverbot belegt, mit Sterilisation bedroht. In seinem Burghölzli-Tagebuch schreibt er: »Solange ich noch mein Unbewusstes lyrisch expektorieren kann, droht mir der Wahnsinn nicht.« In einer anderen psychiatrischen Anstalt, diesmal in der Waldau, notierte er: »Es ist wohl nicht das ungünstigste, dass ich noch eine Zeitlang interniert bleibe. Ich habe mehr Ruhe und kann (…) ganz ordentlich schreiben.« So entstand »Wachtmeister Studer«, der Kriminalroman, der Glauser zu seinem Durchbruch verhalf. Als er 1934 in die Anstalt Münsingen verlegt wurde, schrieb er »Matto regiert«, die wohl eindrücklichste Schilderung nicht nur der Zustände in einer psychiatrischen Klinik, sondern auch der Qualen eines erschöpften Geistes.

»Und was soll das jetzt alles?«, fragt Tante Turica, schon wieder nüchtern. Zugegeben, eine psychiatrische Universitätsklinik ist nicht unbedingt das naheliegendste touristische Ziel. Auch wenn die Gegend um den Burghölzlihügel ausnehmend lauschig ist und zu kühlen Waldspaziergängen lockt, am Wildbach entlang oder das Balgristtobel hinauf. Warum erzähle ich Ihnen das also? Weil ich all die Jahre, die ich in Zürich gelebt habe, zwischen dreizehn und 35, in den verschiedensten Phasen meines Lebens, immer in Gehweite dieser Klinik wohnte. Zufall oder nicht, diese Tatsache beruhigte mich auf seltsame Art. Manchmal war ich versucht, auf dem Weg zur Tramhaltestelle Balgrist links abzubiegen, die Klinik zu betreten, mich am Eingang zu melden: »Hier bin ich nun. Darf ich reinkommen?« Ich habe es nie getan. Trotzdem hatte ich das Bedürfnis, Ihnen diesen Ort zu zeigen, vielleicht, weil er wie kein zweiter die Widersprüchlichkeit verkörpert, die Zürich ausmacht. Und weil man nirgends sonst so deutlich daran erinnert wird, dass man gerade hier in Zürich, in dieser Stadt, die so viel auf Äusserlichkeiten gibt, niemals seinem ersten Eindruck trauen sollte.

So wie der Taxifahrer, den ich einmal in der Nähe des Burghölzlis heranwinkte. Es dunkelte schon, und es regnete in Strömen.

»Haben Sie jemanden besucht?«, fragte er. Ich schüttelte den Kopf.

»Dann sind Sie Ärztin?«

»Auch nicht.«

Jetzt blieb nur noch eine Möglichkeit. Der Fahrer schaute in den Rückspiegel, musterte mich prüfend, ich hielt seinem Blick stand. Vielleicht lächelte ich sogar.

»Machen Sie sich nichts draus«, sagte er. »Sie würden ohne Weiteres als Ärztin durchgehen!«

Die Stadt gehört den Bewegten

»Wo warst du, als ...?« Eine Frage, die alle Eltern fürchten. Weil einem nur selten bewusst ist, dass etwas von bleibender Bedeutung passiert, während es gerade passiert. Weil man sich deshalb nur selten wie jemand verhält, der weiss, dass er gerade Geschichte macht. Und dass sein Verhalten vor dem Urteil der nachfolgenden Generationen bestehen muss. Weil das Leben oft gleich um die Ecke stattfindet, zwei Strassen weiter.

Wo warst du, als die Beatles zum ersten Mal auftraten, wo warst du, als der Krieg ausbrach, wo warst du, als die Flüchtlinge an der Grenze standen, wo warst du in den Achtzigerjahren, als Zürich brannte und die Jugend sich bewegte?

Ich? Wo ich war? Muss ich das wirklich sagen? Na gut: Ich sass zu Hause und strickte. Und das meine ich nicht im übertragenen Sinn, sondern wörtlich. Ich hatte mit sechzehn, siebzehn eine geradezu manische Phase handarbeitlicher Besessenheit. Ich machte alles selbst.

Ohne Plan und Muster, und vor allem ohne den geringsten Funken von Begabung. Ich strickte mich durch endlos scheinende Schulstunden, nähte alle Kleider selbst und verzierte sie, Gott steh mir bei, mit Spitzenborten. Inmitten von Punk und *no future* trug ich selbst genähte Pluderhosen mit unterschiedlich weiten Beinen, Pullover, die bis zum Knie hingen und die am Ausschnitt mit Sicherheitsnadeln zusammengehalten werden mussten. Immerhin: Sicherheitsnadeln. Damit lag ich bei den Punks nicht so falsch. Man könnte auch argumentieren, dass mein unerschrockenes Beharren auf dem Recht, etwas zu tun, das ich weder konnte noch lernen wollte, das mir aber grossen Spass machte, durchaus dem Geist der damaligen Zeit entsprach.

Zum Glück ist die Gefahr, dass meine Kinder diese Frage wirklich stellen, gering, ihr Geschichtsbewusstsein nicht besonders ausgeprägt. Oder wie soll ich es sonst interpretieren, dass mein älterer Sohn mich, als er in der sechsten Klasse war, um Hilfe bei einem Vortrag über den Zweiten Weltkrieg bat? »Woran erinnerst du dich denn noch, Mama?«

Stell dir vor, es ist Krieg, und keiner geht hin. Stell dir vor, deine ganze Stadt setzt sich in Bewegung, und du merkst es nicht.

Wo war ich am 30. Mai 1980, als es vor dem Zürcher Opernhaus zum Krawall kam?

Keine Ahnung. Vermutlich daheim, in meinem Mädchenzimmer mit der Laura-Ashley-Blümchentapete. Auf jeden Fall nicht dort, wo es passierte. Ich bin nie dort, wo es passiert. Immerhin weiss ich noch, dass am nächsten Tag in der Schule darüber geredet wurde: »Hast du gehört? Was hältst du davon? Also ich finde …«

Ich zuckte mit den Schultern, ich hatte nichts gehört. Und ich fand vorerst einmal nichts. Und obwohl sich meine Generation fast sofort teilte – in Bewegte und Nicht-Bewegte –, gelang es mir, erstaunlich lange neutral zu bleiben. Obwohl meine Sympathien klar bei der Bewegung waren, fühlte ich mich nicht mitgemeint. Ich war kein Punk. Ich brauchte keinen Ort, um mich auszutoben, schreiben konnte ich auch allein zu Hause. Und ich brauchte keinen Ort, um mich zu treffen – mit wem denn? Ich hatte nur wenige Freundinnen, ich war definitiv nicht cool. Und von aussen betrachtet hatte die Bewegung wie jede noch so kleine Szene in Zürich auch etwas extrem Elitäres, Ausschliessendes. Erinnern Sie sich an das Bild von der Kommode mit den vielen kleinen Schubladen? Wer nicht die richtige Biografie hatte, die richtigen Worte brauchte, die richtige Musik hörte, mit den richtigen Leuten verkehrte, wer nicht den richtigen Streifenpullover, die richtigen Doc Martens vom richtigen Flohmarkt trug, der hatte auch in einer Bewegung, die um Freiräume kämpfte, nichts verloren. Auch wenn »Züri brännt«, ist es immer noch Zürich. Ein Ort, an dem gewisse Regeln gelten, gewisse Formen gewahrt werden. Auch wenn diese Regeln und Formen immer wieder anders aussehen.

Vielleicht lag es aber auch schlicht daran, dass mein Bruder sehr engagiert war und dieses ganze Gebiet innerhalb der Grenzen der geschwisterlichen Rivalität bald als seines besetzt war. Wie auch immer: Ich stehe dazu, ich habe die Bewegung meiner Generation integral verpasst. Da bin ich vermutlich nicht die Einzige – aber bestimmt die Einzige, die es öffentlich zugibt. Für die Achtzigerjahre gilt nämlich nicht wie für die Sechziger: »Wer sich an sie erinnert, kann nicht dabei gewesen sein.« Sondern im Gegenteil: »Selbst wer nicht dabei war, erinnert sich an sie.«

»Und wer sich nicht an sie erinnert, kann mich nicht verstehen«, sagt meine Tante Turica und pinselt sich die Fingernägel knallrot an. »Alles, was mich heute ausmacht, ist damals entstanden. Also, ein bisschen Respekt! R-E-S-P-E-K-T!«

Stimmt: Das heutige Zürich wäre ohne die Bewegung von damals absolut undenkbar. Alles, was die Stadt heute ausmacht, ist Folge der Bewegung. Versuchen Sie sich eine kleine Grossstadt vorzustellen, die pünktlich um Mitternacht die Trottoirs – Bürgersteige – hochklappt. Es gab keine nicht bürgerlichen Kulturzentren. Es gab keine Clubs, die länger als bis Mitternacht geöffnet hatten. Kein Jugendzentrum, keine Rote Fabrik, nichts. Dafür gab es Lokale, in denen Jugendliche nicht bedient wurden. Schon gar nicht, wenn sie lange Haare – beziehungsweise ein paar Jahre später Igelfrisuren – hatten.

Die Forderung nach einem autonomen Jugendzentrum war nicht neu. Ein erster Anlauf wurde 1968 im sogenannten Globus-Krawall niedergeschlagen. Das Globus-Provisorium ist übrigens Pointe des kürzesten Zürcher Witzes – ich weiss, ich habe behauptet, es gäbe nur einen. Das ist der andere: »Globus-Provisorium«. Ein Wort, ein Witz: Ein Provisorium, das seit 55 Jahren existiert – und auch eins bleiben wird. Bis 2019 ist das begehrte Gebäude mitten in der Stadt, für das es unzählige denkbare Nutzungsformen gäbe, an einen Supermarkt vermietet. Als das namengebende Warenhaus Globus das Gebäude 1968 verliess und an die Bahnhofstrasse umzog, gab es Bestrebungen, das leer gewordene Gebäude als autonomes Jugendzentrum zu nutzen. Doch der Stadtrat entschied anders. Die Demonstration vom 29. und 30. Juni 1968 endete in einem Verkehrschaos auf der Bahnhofbrücke. Die Feuerwehr setzte Wasserwerfer ein, die Demonstranten griffen zu den von den Bauarbeiten herumliegenden Backsteinen. Zahlreiche Jugendliche, viele davon noch nicht volljährig, wurden verhaftet und im Keller des Globus-Provisoriums eingesperrt, während im Erdgeschoss die verletzten Polizisten behandelt wurden. Laut einem Bericht im Vorwärts habe die Polizei schon während der Demonstration und auch später im Globus-Keller exzessiven Gebrauch von ihren Schlagstöcken gemacht. Später seien die im Keller festgehaltenen Jugendlichen unter Ausschluss der Öffentlichkeit grob misshandelt, zum Teil bewusstlos geschlagen worden.

Zwölf Jahre später hatte sich nichts verändert. Als der Stadtrat einen Kredit von über sechzig Millionen Franken für die Renovierung des Zürcher Opernhauses bewilligte, während die Jugend mit ihrer Kultur buchstäblich auf der Strasse stand, protestierten Tausende dagegen. Der »Opernhaus-Krawall« endete nicht weniger chaotisch und brutal als der »Globus-Krawall« und war der Beginn des »heissen Sommers«. »Züri brännt« war nicht nur ein Song der Zürcher Punkband TNT, sondern auch der Titel eines Dokumentarfilms.

Über mehrere Monate hindurch fanden Strassenschlachten unter Einsatz von Wasserwerfern, Tränengas und Gummigeschossen seitens der Polizei statt. Es kam zu unzähligen Verletzungen, Verhaftungen, Übergriffen. Eine Demonstrantin verlor ein Auge. Das Autonome Jugendzentrum wurde in einem leer stehenden Haus hinter dem Bahnhof eröffnet und wenige Monate darauf wieder geschlossen, abgerissen, heute ist es ein Busbahnhof. Am 12. Dezember 1980 verbrannte sich eine ehemalige Bewohnerin des AJZ mitten auf dem Bellevue. Von den Medien als Tat einer psychisch Kranken abgetan, hat Silvia Zimmermann Tagebücher hinterlassen, in denen sie beschreibt, was das AJZ für sie bedeutete und welche Ängste die Schliessung auslöste.

Achmed von Wartburg wollte als erster Punk in die Stadtregierung eintreten und kandidierte 1980 für das Amt des Stadtpräsidenten. Der Name seiner Partei »Das nackte Chaos« war Programm: Er hatte eine gewisse Berühmtheit erlangt, als er bei der Jungbürgerfeier die Hosen fallen liess. »Ich wollte provozieren«, sagte Achmed in einem Interview zwanzig Jahre später. »Ausserdem machte ich nicht mit politischer Erfahrung, sondern mit meiner Schönheit auf mich aufmerksam. Das war bei jener Wahl – im Vergleich zu den anderen Kandidaten – relativ einfach. So liess ich mich *füdliblutt* fotografieren und hängte mit Freunden die Plakate mit meinem Bild darauf eigenhändig in der ganzen Stadt auf. Das hat viel Spass gemacht.«

Seine Wahlversprechen waren unter anderem LSD im Trinkwasser und das Verbot der Ausübung unästhetischer Sportarten in der Öffentlichkeit. Seine Tendenz, sich bei jeder Gelegenheit auszuziehen, war ansteckend. Bei einer Nacktdemonstration sprangen Hunderte von der Quaibrücke ins Wasser und liessen sich die Limmat hinuntertreiben. »Lieber blutt als kaputt!« hiess die Parole. Achmed von Wartburg erhielt immerhin 7000 Stimmen.

Überhaupt hatte die Bewegung eine anarchische, spielerische, übermütige, dadaistische Seite, die sich in Forderungen wie »Macht aus dem Staat Gurkensalat« oder »Freie Sicht aufs Mittelmeer« ausdrückte. Legendär war auch der Auftritt von »Herrn und Frau Müller« im Schweizer Fernsehen, das wohlwollend zwei Vertreter der Bewegung eingeladen hatte, damit sie ihre Anliegen vertreten konnten – aber bitte im vorgegebenen Rahmen der Diskussionssendung! Statt auf diese herablassende Forderung einzugehen, verkleideten sich die Eingeladenen als bürgerliches Ehepaar und forderten ein härteres Durchgreifen gegen die Jugendlichen. Moderation und Diskussionsteilnehmer waren von diesem Happening gleichermassen überfordert und entblössten japsend und geifernd ihre eigentliche Haltung – ihre Hilflosigkeit.

Doch es gab auch Erfolge: Der anstelle von Achmed von Wartburg gewählte bürgerliche Stadtpräsident Thomas Wagner erhöhte zähneknirschend den Jugendkredit von knapp einer auf elf Millionen – immer noch weit entfernt von der Unterstützung der bürgerlichen Kultur, aber immerhin.

In der »Roten Fabrik« in Wollishofen, einer ehemaligen Seidenweberei, die von der Stadt aufgekauft worden war und abgerissen werden sollte, entstand ein Kulturzentrum, das heute Weltrang hat. Hier finden nicht nur Konzerte und Theateraufführungen statt. Die »Shedhalle« ist ein Zentrum für kontemporäre und kritische Kunst. Die Fabrik beherbergt auch Künstlerateliers, eine Velowerkstatt, einen Kindergarten und das Restaurant »Ziegel oh Lac« – selbstironisches Pendant zum Baur au Lac am Bürkliplatz.

Unterdessen steht »die Rote«, wie sie liebevoll genannt wird, unter Denkmalschutz.

Auch das Theaterhaus Gessnerallee ist in dieser Zeit entstanden, das Moods, das Kanzleizentrum, das Sofakino Xenix. Auf dem Areal wird heute Boule, Tischtennis und Federball gespielt, Kompost entsorgt, am Flohmarkt gefeilscht. Die früheren Kämpfe um den Platz unter der Sonne sind längst Geschichte, das Kanzleizentrum erinnert mehr an einen Dorfplatz, wo sich alte Bekannte zum gemütlichen Stelldichein begegnen.

Die Forderungen der Bewegung wurden also erfüllt: Das kulturelle Angebot ist heute vielfältig und innovativ. Zürich hat als Ausgehstadt Weltruf, die Polizeistunde ist aufgehoben. Eine Kulturrevolution hatte stattgefunden. Die starren Regeln und Gesetze der bürgerlichen Kultur wurden aufgebrochen, die Gesellschaft ist sehr viel liberaler geworden.

Das spiegelt sich nicht zuletzt in einer sehr viel bunteren politischen Zusammensetzung der Stadtregierung wider. Auch wenn niemand mehr den Wahlkampf nackt antritt, so ist doch zum Beispiel Richard Wolff von der Alternativen Liste zum Polizeivorstand gewählt worden. Er war damals in der Bewegung aktiv und erregt immer wieder einmal den Unmut der bürgerlichen Presse, die sich noch zu gut an die Forderung nach LSD im Trinkwasser erinnert. Zwischenfrage: Warum wird gerade dieses Wahlversprechen immer wieder zitiert? Schwingt da eine gewisse Wehmut mit? Die Frage, die die Presse stellt, lautet natürlich anders: Darf so einer Polizeivorstand werden?

Dass das möglich ist, ausgerechnet im bürgerlichen, konservativen, von Banken beherrschten Zürich, ist ein

Beweis mehr für die Brüche und Spiegelungen, die diese Stadt ausmachen. Nicht nur der Polizeivorstand ist ein ehemaliger Bewegter. Beinahe jeder, der in Kultur, Politik, Kulturförderung, in den Medien, in der Gastronomie, sogar im Immobilienbereich einen Namen hat, wie der auf Zwischennutzungen spezialisierte, äusserst erfolgreiche »Alternative Immobilienkönig« Steff Fischer, kommt aus der Bewegung. Die frühere Opposition ist das heutige Establishment. Das ist natürlich ganz normal und überall so.

»Jaaaaaaaaaaa«, sagt meine Tante mit diesem lang gezogenen A, das nichts anderes bedeutet, als dass ich schon wieder etwas Wichtiges nicht verstanden habe. »Kulturrevolution, schön und gut, Rote Fabrik und Kanzlei und Ausgehstadt und blablabla ... Das ist aber nur die eine Seite der Medaille!«

Und die andere? Die Bewegung hat sich selbst in den Schwanz gebissen. Ihre Forderungen wurden eingelöst und genau dadurch aufgelöst. Gerade diese Entwicklung zur Ausgehstadt führte zu einer Kommerzialisierung, die ebenso unbeabsichtigt wie unaufhaltbar war. In einer Marktwirtschaft ist sie schlicht unvermeidbar. Aber ich denke, in diesem Mass vorhergesehen hat sie niemand. Das, was die Bewegung ausmachte, Selbstverwaltung, »selber machen«, das handgestrickte, unprofessionelle, nicht kommerzielle Experimentieren und Suchen nach Ausdrucksformen ist heute nicht mehr möglich. Es gibt keinen Raum mehr dafür in dieser schicken Stadt von Welt – von bezahlbaren Räumen ganz zu schweigen!

Plötzlich kommt mir scheinbar zusammenhangslos ein Lehrer in den Sinn, der einen der wenigen Sätze ausgesprochen hat, der mir aus meiner zugegeben relativ

kurzen Schulkarriere geblieben ist: »Die Menschheits-
geschichte muss man sich wie einen Spaziergang durch
einen düsteren Wald vorstellen: Nur alle hundert, hun-
dertfünfzig Jahre einmal kommt man an eine Lichtung.«

Zwischen den Dadaisten und den Bewegten lagen
immerhin nur etwa 65 Jahre. Es besteht also Hoffnung.
An Tante Turica soll es nicht liegen. Auch wenn sie sie
nicht jeden Tag zeigt: Sie hat ihre anarchistische Ader
bewiesen, ihre spielerische, ihre surreale, absurde.

Mythos Langstrasse

Ballermann, sagen Sie? Enttäuscht sind Sie? Sie wollten es nicht anders.

Die Langstrasse ist überbewertet – und dann auch wieder nicht. Es wird schon einen Grund haben, dass diese im wörtlichen Sinn lange Strasse, die zwischen Limmatplatz und Badenerstrasse, auf dem Weg durch die Stadtkreise 4 und 5, die unterschiedlichsten Gesichter annimmt, dass diese Strasse mehr Google-Resultate erzielt als die Bahnhofstrasse. Keine Strasse in Zürich weckt so viele Assoziationen. Muss für so viele Projektionen herhalten. Die Langstrasse – romantisierter Mythos der einen, verzerrter Albtraum der anderen. Die Wahrheit wiederum hat so viele Gesichter wie man Menschen befragt. Anwohner, Experten, Künstler, Ehemalige: Jeder weiss, welche die wahre Langstrasse ist – seine eigene nämlich. Der Mythos ist nicht totzukriegen und macht es immer wieder schwer, fast unmöglich, die Langstrasse so zu sehen, wie sie ist.

Ich bekenne mich also gleich von vornherein zu meiner persönlichen Projektion. Ich habe nie an der Langstrasse gelebt. Nur einen Sommer habe ich dort verbracht. Es war 1995, ein halbes Jahr nach der Geburt meines zweiten Sohnes. Ich hatte ein angefangenes Buch, einen drohenden Abgabetermin und unverhofft die Möglichkeit, geregelten Arbeitszeiten nachzugehen. Während dreier Wochen in diesem Sommer wurden meine Söhne von ihren Vätern betreut. Ich hatte also drei Wochen Zeit zum Schreiben. Der Bekannte eines Bekannten einer Bekannten fuhr in die Ferien und überliess mir seinen Schreibtisch in seinem Bürokollektiv direkt an der Langstrasse. O grosse weite Welt, dachte ich! Endlich, das wilde Leben, das einer Schriftstellerin zusteht! Sex and Drugs and Rock and Roll statt Windeln wechseln und mich gegen die perfekten Spielplatzmütter in meinem Wohnquartier behaupten! Und da sass ich nun und schrieb. Konzentriert wie selten. Obwohl in dem offenen Raum gearbeitet, telefoniert und diskutiert wurde; solange niemand »Mama!« schrie, ging es mich nichts an. Gleichzeitig hinderte mich das Bewusstsein, dass hinter mir andere sassen und arbeiteten, daran, den ganzen Tag nur aus dem Fenster zu schauen. Denn da stand mein Schreibtisch: direkt am Fenster. Und das Fenster stand offen. Alle Fenster standen offen. Es war Sommer, es war heiss, es gab keine Klimaanlage. Ich hatte also einen direkten Einblick in die Zellen der »Apartmenthäuser« auf der anderen Strassenseite. Doch schon damals – zu einer Zeit, die viele meiner Altersgenossen als »die gute alte Zeit« bezeichnen würden –, schon damals merkte ich vor allem eines: Keine meiner Vorstellungen, meiner Projektionen war in der Realität begründet. So sah ich im gegenüberliegenden Hochhaus zwei Paar nackte Beine, die in vier weissbesockten Füssen endeten, die rhythmisch in der Luft hin und her wippten, auf und ab. Hui, dachte ich: Prostituierte bei der Arbeit! Und vermutlich mit Kundschaft aus dem Kanton Aargau, wo dem Gerücht nach weisse Socken getragen werden! Wie aufregend! Ich stand auf, ging um den Schreibtisch herum und beugte mich gefährlich weit aus dem Fenster – so weit, dass ich den ganzen Raum gegenüber erfassen und die beiden jungen Mädchen sehen konnte, die vor dem Fernseher auf dem Rücken lagen, ihre Beine in die Luft streckten und zu einem Fitnessvideo rhythmisch kreuzten und entkreuzten. »Und eins und zwei und drei und vier!«, feuerte die Synchronstimme von Jane Fonda sie an. »Alle Vorurteile aus dem Fenster werfen! Drei, vier!«

Schon möglich, dass diese jungen Frauen nach absolviertem Training das Haus verliessen und zur Arbeit nicht weiter als bis zur nächsten Strassenecke gingen. Möglich, aber nicht sicher. Alles andere als sicher. Ja, auf den fünfzig Metern zwischen Bushaltestelle und Hauseingang wurden mir mindestens fünf verschiedene illegale Substanzen zum Kauf angeboten. Aber ich musste auch fussballspielenden Buben ausweichen und mit einem alten Herrn über die Schlagzeilen des Tages diskutieren.

Später, als ich in der Provinz lebte, genoss ich die Langstrasse als sporadischer Gast im »Hotel Rothaus«, einem ehemaligen Stundenhotel, das sanft und geschmackvoll renoviert war und wo das Einzelzimmer weniger kostete als ein Taxi nach Hause. Wenn es spät wurde, übernachtete ich da, bei offenen Fenstern, und ich fühlte mich wieder, wie ich mich als Kind gefühlt hatte. Wenn ich im Sommer krank war, in meinem abgedunkelten Zimmer lag und draussen die anderen Kinder hören konnte, die bis spät in die Nacht draussen spielten, lachten und stritten. Diese Geräusche beruhigen mich: Das Leben geht weiter, sagen sie mir, auch wenn du nicht dabei bist. Das Leben ist gleich hier, direkt unter deinem Fenster. Du kannst jederzeit rausgehen und daran teilnehmen. Aber du musst nicht.

Projektionen. Vorstellungen. Bilder. Es macht also durchaus Sinn, dass wir uns der Langstrasse erst einmal filmisch nähern. Wieder muss man Kurt Früh zitieren, nein, nicht zitieren, man muss sich noch einen seiner Filme anschauen: »Bäckerei Zürrer« nämlich. In diesem Familiendrama von 1957 geraten alteingesessene Schweizer mit italienischen Einwanderern aneinander. Die Italiener bildeten die erste Gastarbeiterwelle in der Schweiz, und sie wurden erst einmal abgelehnt, angefeindet, bekämpft. Als »Maronibrater« beschimpft, wurde ihnen auch nachgesagt, sie ässen Katzen. Vor allem die Saisonniers lebten zusammengepfercht in den Wohnhäusern an der Langstrasse. Es kam zu Spannungen, die sich bereits im Sommer 1896 im sogenannten »Italienerkrawall« entluden. Auch das passierte an der Langstrasse. Die Ressentiments hielten lange an – so lange, bis die nächste Welle von Einwanderern kam. Der Film von Kurt Früh ist denn auch eine Art Zürcher »West Side Story«: Der Sohn des konservativen Bäckers verliebt sich in die Tochter des italienischen Gemüsehändlers, was beide Väter zur Weissglut treibt. Wieder wird ein eher romantisches Bild gemalt von den Verhältnissen, am Ende kommt alles gut, denn alle Beteiligten haben unter ihrer harten Schale ein grosses Herz und ringen sich schliesslich dazu durch, es auch zu zeigen. Und die Liebe siegt sowieso.

Und doch. Kurt Früh kannte die Langstrasse gut, auch wenn seine Abstecher dorthin dem Vernehmen nach weder seiner Gesundheit noch seiner Ehe gutgetan haben. Damit ist er nicht der einzige, nicht der erste und definitiv nicht der letzte Schweizer Künstler, der an der Langstrasse etwas sucht, das er anderswo nicht findet. Und auch dort nicht immer.

Einer der bekanntesten Filmemacher der Schweiz, ein Ehemaliger des Videoladen-Kollektivs aus den Achtzigerjahren, ist Samir. Und sein Film »Filou« von 1988 setzt auf seltsam schräge Art gut dreissig Jahre nach »Bäckerei Zürrer« dort ein, wo Kurt Früh aufgehört hat. An Samirs Langstrasse der Achtzigerjahre gibt es keine Arbeiter und Kleingewerbler mehr, dafür Lebenskünstler und Kleinkriminelle wie die Hauptfigur Max, der sich mit kleinen, schlauen Gaunereien über Wasser hält. Er erinnert in seiner Erfindungslust nicht von ungefähr an die kreativen Aktionen der Bewegung. Man kann ihm nicht wirklich böse sein. Und auch die Tatsache, dass Lizzy, seine Wohnpartnerin, auf den Strich geht, wirkt eher anarchistisch-aufmüpfig als trostlos. Oh ja, die Italiener gibt es noch – aber sie werden nicht mehr »Maronibrater« genannt, sondern »Secondos«.

Definitiv keine Sozialromantik kann man hingegen »Strähl« vorwerfen, dem Film von Manuel Flurin Hendry, der 2004 in die Kinos kam. Er zeigt die Langstrasse als hartes, trostloses und heruntergekommenes Pflaster aus der Sicht eines einsamen und medikamentensüchtigen Polizisten, der sich mit der albanischen Drogenmafia anlegt. Und wie das ausgeht, kann man sich ja denken. Hier ist nichts mehr mit weichen Kernen und harten Schalen, hier versteckt niemand unter seiner rauen Fassade ein grosses Herz aus reinem Gold, und nein, die Liebe siegt auch nicht. Ob diese Sichtweise allerdings realistischer ist? Weniger Projektion?

Jetzt fehlt der Langstrasse natürlich noch ein aktueller Film, einer, der die Party- und Lounge-Szene dokumentiert, ein Film, in dem schöne Menschen orientierungslos von einem schönen Ort zum anderen treiben und dabei gut aussehen. Doch wer würde das sehen wollen? Einmal mehr, auch das ist eine Projektion. Denn wer sagt denn, dass das letzte Wort gesprochen, das letzte Bild projiziert ist? Wahrscheinlicher ist doch, dass auch diese aktuelle Welle der Gentrifikation nichts anderes ist als eine Phase von vielen in der bewegten Geschichte dieser Strasse.

Während des wirtschaftlichen Aufschwungs in den Siebzigerjahren zog der Mittelstand in die Vorstädte. Wer es sich leisten konnte, verwirklichte das bürgerliche Wohnideal: ein Haus mit Garten, eine Mutter, die es nicht nötig hat, »ausser Haus« zu arbeiten. Und ein Mann, der abends mit seiner Aktentasche aus dem Zug steigt und pünktlich zum Abendessen daheim ist. Die Innenstädte – überall, nicht nur in Zürich – wurden zu sogenannten »A-Wohngegenden«: A wie Ausländer, Alte, Arbeitslose; A wie alle, die sich die Vorstädte nicht leisten können. So blieb es bis in die Neunzigerjahre. Und wie überall wurden die verwaisten Innenstädte blitzschnell annektiert und neuen Bestimmungen zugeführt. In Zürich war es das »Milieu«, die Sexindustrie, die mithilfe der Banken die frei gewordenen Apartmenthäuser aufkaufte, in denen bisher die italienischen Saisonniers gelebt hatten. Eines der ersten »Etablissements« war der sogenannte »Stützli-Sex« an der Brauerstrasse. Für einen Franken konnte man dreissig Sekunden lang einer nackten Frau beim Tanzen zusehen. Und die Männer standen vor dem Guckkasten Schlange! Die Langstrasse – das Schlüsselloch für kleinbürgerliche Phantasien. Gody Müller, der die genial einfache Idee verwirklicht hatte, wurde vorübergehend Millionär. Doch dann unterwarf er sich dem Klischee der Langstrasse, verprasste in kürzester Zeit sein ganzes Geld und lebte fortan von der Fürsorge. Neben dem horizontalen Gewerbe kamen auch die Studenten und die 68er auf der Suche nach billigem Wohnraum. Sie eröffneten kleine Läden, sie trafen sich im »Krokodil« oder im »Stray Cats«. Auch diesen Kreisen diente die Langstrasse als Projektionsfläche. Die spürbare Präsenz des Milieus, der Prostituierten, der Hells Angels, die ausländischen Lokale und Geschäfte gaben ihnen das Gefühl, am Puls der Zeit zu sein, mittem im Leben. Und weit weg von der bürgerlichen, spiessigen Welt, in der sie aufgewachsen waren. Auch diese Zeit wird romantisiert, auch die Siebzigerjahre sind für viele die Zeit, in der die Langstrasse noch die »richtige«, die echte, die authentische Langstrasse war. Genau wie später für die Zuzügler der Achtzigerjahre, die Bewegten, die ihre eigenen Lokale für sich beanspruchten, ihre eigene Langstrassenrealität kreierten. Wer sagt, dass die heutigen Hipster nicht genau das empfinden? Wer will ihnen dieses Recht absprechen?

Es ist wie überall: Den Künstlern und Studenten ziehen neue Lokale und Geschäfte nach, die auf deren

Bedürfnisse abgestimmt sind. Das Viertel wird attraktiver, Renovierungen nehmen zu, kinderlose Paare ziehen ein, das Quartier verändert sein Gesicht. Während diese Entwicklung von den Offiziellen der Stadt Zürich begrüsst wird, äussern Anwohner erste Bedenken: Zürichs Rotlichtviertel verkomme zum Yuppie-Quartier, der Charme gehe verloren, bald sei es wie in einer Flughafenlounge, so keimfrei und so unpersönlich.

Wie immer der Wandel aussieht, ob er einem gefällt oder nicht – zum familientauglichen Wohnviertel wird sich die Langstrasse wohl kaum je entwickeln. Sie wird immer eine Ausgangs- und Vergnügungsmeile bleiben, sie wird dabei einfach ein bisschen anders aussehen. Ein Stück weit ist das, was die einen Aufwertung, die anderen Schickimickisierung nennen, Folge der Drogenpolitik um die Jahrtausendwende. Nach der Räumung von Platzspitz und Letten verlagerte sich die Szene an die Langstrasse, wo sie sich immer mehr ausbreitete und die Bewohner bedrängte und bedrohte. Diese waren es, Sozialdemokratie hin oder her, bald leid, überall auf gebrauchte Spritzen zu treten und über weggeknallte Süchtige zu stolpern. So sahen niemandes Projektionen aus! Ab 1999 führte die Stadt diverse Massnahmen ein, um das Viertel von Drogen und Prostitution zu entlasten.

Man rief das Projekt »Langstrasse PLUS« ins Leben, das für Ruhe und Ordnung sorgen sollte. Man säuberte die Bäckeranlage von den Drogensüchtigen, ging repressiv gegen Bordellbesitzer und Strassenstrich vor, verbot die »Schaufenster-Prostitution«, kaufte mehrere Liegenschaften auf, um sie dem Milieu zu entziehen, und schuf den »Langstrassen-Kredit«, mit dem zweimal jährlich

Gewerbeprojekte unterstützt werden, die das Leben im Quartier verbessern. Das Projekt gilt als erfolgreich. Der Ausländeranteil sei gesunken, die Geburtenrate hingegen gestiegen, ebenso wie die Galeriendichte und die Mieten sowieso. So wird Lebensqualität gemessen. Die Anzahl der Drogendealer und Junkies ging zurück. Die blauen Glühbirnen in den Hinterhöfen, die den Drogenabhängigen die Sicht auf ihre Venen erschweren, konnten entfernt werden. Es braucht sie nicht mehr. Die Drogensüchtigen haben sich natürlich nicht in Luft aufgelöst, sie sind einfach weitergezogen. Weniger leicht liess sich das Sexmilieu vertreiben. Zwar dürfen sich Prostituierte seit 2002 offiziell nicht mehr im Fenster präsentieren und ihren Freiern zuwinken, dafür stehen sie in finsteren Hinterhöfen und warten frierend auf Kundschaft. Die Anzahl der Prostituierten ist gleich geblieben, doch sind die Frauen weniger sichtbar, was die Gesundheitsprävention erschwert. Die Bestrebungen der Stadt können auch unter dem Motto »Aus den Augen, aus dem Sinn« zusammengefasst werden.

Dass aus dem berühmtesten Rotlichtviertel der Schweiz ein ruhiger, gehobener Stadtteil wird, ist nicht zu erwarten, doch es droht zu einer Art Unterhaltungsmeile zu verkommen, einem Vergnügungspark für Erwachsene, einem Ort, an den man von weit her anreist, weil man hier die Sau rauslassen kann. Ballermann, haben Sie gesagt? Ich kann Sie verstehen. Doch solche Viertel gibt es in jeder grösseren Stadt der Welt, und sie sind überall ein Ärgernis. Und nur, weil in der Schweiz alles ein bisschen langsamer geht als anderswo, ist es möglich, dass sich diese Entwicklung hier am Ende doch noch aufhalten, abwenden lässt.

Und wenn nicht? Zum Schluss eine kleine Anekdote, die illustriert, wie aus anfänglicher Begeisterung Frustration werden kann. Ein Student, der seit Jahren an der Langstrasse lebt, zeigt die ersten Ermüdungserscheinungen, die der tägliche Umgang mit diesem Milieu halt mit sich bringt. Kürzlich war er besonders empört. An einem schönen Sonntagmorgen war er nur mit einer Jacke über dem Pyjama schnell zur nächsten Strassenecke gelaufen, um einen Liter Milch zu kaufen. Dabei wurde er sowohl auf dem Hin- wie auf dem Rückweg von den Damen, die seit Jahr und Tag in seiner Strasse stehen und von denen er erwartet, dass sie ihn langsam kennen sollten, recht aufdringlich angemacht. Das ist er gewohnt, auch wenn es ihn ärgert, dass sie ihn nach all den Jahren immer noch nicht als Nachbarn erkennen. Aber auf dem Rückweg! Mit einem Liter Milch in der Hand! »Was denken die denn, dass ich für schnellen Sex die Milch sauer werden lasse?«

Stadtführung mit Mord und Totschlag

»Spotten Sie nicht über Kriminalromane«, sagte Madge streng, »sie sind heutzutage das einzige Mittel, vernünftige Ideen zu popularisieren!« So Friedrich Glauser, der unerreichte, tragische Schweizer Autor in »Der Tee der drei alten Damen«. An seiner beziehungsweise an seines Wachtmeister Studers Hand haben wir die Willkür der Psychiatrie, die Zustände in der Fremdenlegion und den diskreten Charme der Schweizer Bourgeoisie beziehungsweise des Bünzlitums erfahren. Nun kann man natürlich nicht nur vernünftige Ideen via Kriminalroman verbreiten, sondern auch (Tat-)Orte beschreiben. Ich persönlich finde, es gibt kaum eine bessere Art, eine Stadt kennenzulernen, als mit einem guten Kriminalroman in der Hand. Kriminalromane sind manchmal die besseren Reiseführer.

Erst recht, wenn Sie nach Zürich reisen! Hier können Sie aus dem Vollen schöpfen. Es gibt nämlich ungefähr zweihundert Kriminalromane, die in Zürich spielen. Die meisten davon finden Sie in der Buchhandlung Blex, die auch Blechdosen verkauft. Lassen Sie sich dort fachgerecht beraten, denn nicht alle dienen Ihren Zwecken, die Stadt besser oder anders kennenzulernen. Nicht in allen spielt die Stadt eine eigentliche Hauptrolle. Manchmal ist sie nur Hintergrund – was nicht heisst, dass der Krimi nicht taugt. Nur nicht als Stadtführer. Sie können sich dabei auch von der Vorauswahl der Jury des Zürcher Krimi-Preises inspirieren lassen. Dieser wird seit 2008 vom Gemeinschaftszentrum Wipkingen verliehen. Wenn Sie die Buchhandlung Blex aufsuchen, lernen Sie auch noch ganz nebenbei und auf vertretbare Weise die experimentelle Genossenschaftssiedlung Kalkbreite kennen. Hier werden neue Wohnformen gelebt, jeder Bewohner hat nur Anrecht auf 32 Quadratmeter Privatraum und muss trotzdem weder auf einen Meditations- noch auf einen Fitnessraum verzichten. Sogar ein Rosengarten wurde den Bewohnern versprochen, und anders als im Lied haben sie ihn auch erhalten – nun, nicht erhalten, selbst angepflanzt. Das ist wohl das Geheimnis. In dieser Siedlung lösen sich konventionelle Grenzen des Wohnens auf, man kann nicht immer mit Bestimmtheit sagen, wo eine Wohnung endet und die andere beginnt. In den Gemeinschaftsräumen wird gekocht, gegessen, gewaschen, gegärtnert und gestrickt. In der Siedlung gibt es ein Kino, ein Restaurant und diverse Läden. Aber bitte, schauen Sie sich nur diskret um, lassen Sie sich auf keinen Fall dazu hinreissen, in die Wohnbereiche vorzudringen. Die Bewohner haben nämlich die Schnauze gestrichen voll von all den Medienvertretern, Architekturstudenten und sonstigen Touristen, die sie seit der Eröffnung im Sommer

2014 geradezu belagern. Der »Mord an einem Gaffer« ist allerdings weder ein veröffentlichter Kriminalroman noch ein wahres Verbrechen – wobei ich fast sicher bin, dass es in der Phantasie der einen oder anderen Genossenschafter durchaus stattgefunden hat.

Aber es steht Ihnen natürlich frei, sich mit ihrem Bücherstapel ins »Café Bebek« zu setzen, einen Mezzeteller zu bestellen und die erstandenen Werke anzulesen, bevor Sie sich dann zur Tatortbesichtigung aufmachen. Apropos Stadtbesichtigung: Ein aussergewöhnliches Spektakel bietet sich Ihnen gleich hier, mitten im Café. Denn eines seiner grössten Fenster geht direkt in die Tram-Einstellhalle. Hier werden die Zweier und Dreier nicht nur über Nacht abgestellt, es gibt auch Transformationen, die hier nur wenden. Das heisst, die Passagiere bleiben sitzen. Es kann also passieren, dass Sie von ihrem Krimi aufschauen und ein vollbesetztes Tram mitten durch das Lokal zu fahren scheint. Und wer weiss, vielleicht schaut ein Passagier von seinem eigenen Buch auf, und sein Blick trifft Ihren.

Wenn wir schon beim Thema Genossenschaftssiedlung sind, müssen Sie natürlich mit »Mordgarten« von Stephan Pörtner beginnen. Full Disclosure: Der Autor ist mein Bruder. Trotzdem stehe ich mit meiner Meinung längst nicht allein da, wenn ich Ihnen sage, dass dieses Buch den besten Einblick in dieses typisch schweizerische Biotop verschafft. Neben den eigenen Regeln und Gebräuchen einer solchen Siedlung lernen Sie auch viel über die typisch zürcherische Zusammensetzung der Charaktere: Keiner ist, was er auf den ersten Blick zu sein scheint. Ausserdem erfahren Sie einiges über die Machenschaften der lokalen Stadtplaner und Spekulanten – obwohl jede Ähnlichkeit mit realen Geschehnissen selbstverständlich wie immer rein zufällig ist. Der Krimi ist eine Auftragsarbeit des Verbandes der Wohnbaugenossenschaften, der dem Autor aber absolut freie Hand liess. Edi Zingg, der Hauswart der fiktiven Genossenschaftssiedlung Moorgarten irgendwo in der Agglomeration von Zürich findet eines schönen Morgens einen heruntergehuberten Tunichtgut tot im Hof seiner Siedlung liegen. Da er mit einer Weinflasche erschlagen wurde, fällt der Verdacht schnell auf den Genossenschafter Wirz, der schliesslich als Trinker bekannt ist. Doch Edi glaubt nicht, dass Wirz ein Mörder ist. Der ehemalige Historiker forscht auf eigene Faust weiter, findet den Mörder, bringt gleichzeitig noch einen Spekulanten zur Strecke und verführt nebenbei die Dorfpolizistin, die ihm bei der Aufklärung geholfen hat. Wirz wird freigelassen und macht einen Entzug, die Genossenschaft behält das Bauland, auf das es der Spekulant abgesehen hatte.

In seinen vier früheren Krimis, »den Köbis«, wie Fans sie nennen, entzauberte Pörtner den Mythos der Langstrasse, wie er schon im letzten Kapitel beschrieben wurde. Köbi, mit vollem Namen Jakob Robert, der Held des Zufalls, der seine Fälle meist eher aus Versehen löst, hat weniger wegen seiner kriminalistischen Fähigkeiten als wegen seines konstant rauschenden inneren Monologs Kultstatus erreicht.

Als 1998 der erste Band, »Köbi der Held« erschien, war die Langstrasse noch eine eher exotische Umgebung für durchschnittliche Krimileser, ein unzürcherisches Zürich, ein eigenes Biotop. Ausserdem war es eine Gegend, die Pörtner kennt, er lebte 22 Jahre dort. Abgesehen von der Wohnlage teilte er mit seinem Antihelden die bewegte Vergangenheit in den Achtzigerjahren sowie die Gewohnheit, seine Umgebung scharf zu beobachten und zu kommentieren. Diese Analysen, das, was ich die typischen »Köbi-Rants« nenne, sind es, die diesen Krimis zu Kultstatus verholfen haben. Alle seine vier Bände spielen im Langstrassenquartier und beschreiben die Veränderungen der letzten zehn Jahren bis ins kleinste, scheinbar unwichtige Detail. In vier Bänden reist man im Zeitraffer von der altmodischen »Silberkugel«, dem ersten Schweizer Fast-Food-Lokal nach amerikanischen Vorbild mit hufeisenförmigen Theken und uniformierten Kellnerinnen, bis zum Szenebistro im ehemaligen Volkshaus. Vom frisch gemahlenen Kaffee, der nur bei einem Italiener im Quartier zu kaufen ist, zum Latte macchiato in der Lounge. Köbis dezidierte Meinung dazu: »Lounges waren nichts für mich. Ich sah zu wenig gut aus, um mich auf einem Sofa zu lümmeln, Latte macchiato zu schlürfen und blasé auf die Badenerstrasse zu linsen.« Im letzten Band, »Stirb, schöner Engel« (Zürcher Krimi-Preis 2012), verlässt Köbi das Quartier denn auch, und der Autor folgt ihm wenig später nach. Womit einmal mehr bewiesen wäre, dass das Leben die Kunst imitiert und nicht umgekehrt. Weder der Autor noch seine Figur vermisst die Langstrasse. Beide überlassen das Terrain nur zu gerne den Hipstern, den Neuzuzüglern, die im vierten Band, »Köbi Santiago«, in gewohnter Schärfe wie folgt beschrieben sind: »Am 1. Mai konnte man die Entwicklung studieren: Frisch vom Land liefen sie erst mal beim schwarzen Block mit, machten Krawall und gaben sich politisch. Ein paar Jahre später kickten sie beim Fussballturnier auf der Josefwiese und hatten künstlerische Projekte oder Untergrundpartys am Laufen. Noch ein paar Jahre später schoben sie den Kinderwagen übers offizielle Festgelände und waren weggezogen, weil die Multikultischulen für den eigenen Nachwuchs nicht gut genug waren. Ich vermisste die Langstrasse wirklich nicht.«

Ein vollkommen anderer Typ Privatdetektiv, der ebenfalls an der Langstrasse angesiedelt ist, ist der wie sein Autor Sunil Mann indischstämmige Vijay Kumar. Durch ihn lernen wir weniger das Lebensgefühl des »Chreis Cheib«, wie das Langstrassenquartier auch genannt wird, kennen, sondern die den meisten von uns vollkommen unbekannte Realität der in der Schweiz aufgewachsenen Inder, die sich zwischen zwei Realitäten zurechtfinden, die nicht weiter voneinander entfernt sein könnten. Mit seinem Held teilt der Autor die Vorliebe für indische Küche, nicht aber sein Trink- und Rauchverhalten. Oder jedenfalls nicht mehr, wie er in einem Interview neckisch andeutet. Natürlich nicht, denn sonst könnte er nicht fast jedes Jahr einen Krimi auf den Markt werfen und gleichzeitig noch als Flugbegleiter um die Welt reisen. (Fliegen Sie mit der Swiss, es könnte sein, dass Ihnen ein preisgekrönter Autor den Kaffee serviert!) Der erste von bisher fünf Vijay-Krimis, »Fangschuss«, gewann gleich den Zürcher Krimi-Preis 2011. Und er hat, wie alle ersten Bände von Krimiserien, seinen besonderen Reiz, weil er am meisten Hintergrundinformation über den Helden verrät. Hier hat Vijay gerade den Fernkurs »Privatdetektiv« abgeschlossen, sein erster Fall ist eine entlaufene Katze, und der indische Whisky, mit dem er das Ende seiner Illusionen begiesst, führt zu einem fürchterlichen Kater. Seine Mutter – eine grossartige Nebenfigur – versucht ihn mit indischen Köstlichkeiten aus ihrem Take-away zu trösten und mit der Aussicht auf eine Braut, die sie eigens für ihn hat einfliegen lassen. Doch sein zweiter Auftrag führt ihn Gott sei Dank weit weg von ihren Verkupplungsversuchen. Vijay Kumar verlässt sich bei seinen Ermittlungen stark auf die Freundlichkeit von Fremden, auf die Hilfe der zugegeben leicht romantisierten Langstrassenbesetzung von Tunten und Transen, von Polizistinnen und rasenden Reportern. Aber wir haben ja bereits beschlossen, dass die Langstrasse jede Form von Projektion geduldig erträgt. Unrealistisch ist allerdings das Tempo, mit dem Vijay Kumar autofahrend die Stadt Zürich durchquert – von diesen Beschreibungen lassen Sie sich bitte nicht inspirieren!

Die wohl erfolgreichsten Zürcher Krimis in Buchform sind bestimmt die von Petra Ivanov, Preisträgerin 2009. Ihr Ermittlerteam Cavalli und Flint verlässt aber meist die Grenzen der Stadt und oft sogar die des Landes. Petra Ivanov hat als Redakteurin für ein Hilfswerk gearbeitet und irgendwann gemerkt, dass sie die Themen, die sie beschäftigen, besser in Geschichten als in Artikel verpacken kann. Getreu dem Motto von Friedrich Glauser geht es ihr eher um soziale Missstände als um Ortsbeschreibungen. Auch Nora Tabani, die Privatdetektivin von Mitra Devi (Preisträgerin 2012), die im Zürcher Seefeld lebt, ist weniger an ihrem Wohnquartier interessiert als an den Schauplätzen der Verbrechen, die sie aufklärt. Im zweiten Band, »Filmriss«, ist die Drogenszene im Kreis 5 ein Thema, im vierten, »Das Kainszeichen«, eine fiktive psychiatrische Universitätsklinik, die sehr stark an das Burghölzli erinnert (wo sich, wie früher schon erwähnt, viele Künstler und Schriftsteller wenigstens vorübergehend aufhielten, unter ihnen der eingangs zitierte Friedrich Glauser). Aussergewöhnlich und unheimlich ist eine Szene in »Filmriss«, in der ein Drogensüchtiger in einem Gepäckfach am Bahnhof Stadelhofen eingeschlossen ist. Das ist so plastisch beschrieben, dass man sich fragt, ob die Autorin den Selbstversuch gewagt hat. Und dass man beinahe versucht ist, es ihr nachzutun. (›Zur Nachahmung nicht empfohlen!‹, müsste als Warnung auf manchen Kriminalromanen stehen!)

In »Schach & Matt« von Severin Schwendener, Preisträger 2013, wird ein zwanzig Jahre alter Mord an einer Prostituierten in einem Luxushotel neu aufgerollt – kommt Ihnen bekannt vor? Nein, es ist nicht der »Dirnenmord im Dolder«, sondern im Baur au Lac.

Auch Roger Grafs Ermittler zwischen Buchdeckeln, Damian Stauffer, hält sich nicht unbedingt mit atmosphärischen Beschreibungen auf. Aber wenn, dann konzentriert er sich auf originelle Schauplätze wie einen städtischen Schrebergarten, in dem eine abgehackte Hand gefunden wird – in Stauffers drittem Fall, »Die rechte Hand«. Oder den Zürcher Sihlwald hinter dem Wildtierpark in seinem vierten Fall, »Der schöne Tod«. Dafür vermittelt der Held von Roger Grafs kultiger Hörspielserie, die sage und schreibe seit 1989 läuft, »Die haarsträubenden Fälle des Philip Maloney«, deftiges Züri-Feeling.

Ein Viertel, das Aussenstehenden sonst komplett verschlossen bleibt, hat nun Alfred Bodenheimer, Zürcher-

Krimi-Preisträger 2014, für uns erschlossen: das Zürich-Wiedikon der jüdischen Gemeinde nämlich. Bereits zwei Romane sind um den »orthodoxen Ermittler mit den unorthodoxen Methoden« Rabbi Klein erschienen.

Der Autor ist Professor für jüdische Literatur und Religionsgeschichte an der Universität Basel und kennt also die Welt, die er beschreibt, sehr genau. Und auch die Stadt, in der seine Geschichten spielen. Er hat mit seiner Familie fünfzehn Jahre in Zürich gelebt und findet, die Atmosphäre in Zürich eigne sich gut für einen Krimi und die Stadt passe zu seiner Art von Geschichten. Sie vereint verschiedene Gesellschaftsschichten und hat eine grössere jüdische Gemeinschaft.

»Klein war hier aufgewachsen, in dieser Stadt, genauer zwischen der Enge und Wiedikon, er hatte seit frühester Kindheit brav täglich für die Rückkehr des jüdischen Volkes nach Jerusalem und den Wiederaufbau des Tempels gebetet – aber die gut drei Jahre, die er insgesamt in Jerusalem verbracht hatte, waren Jahre der Sehnsucht gewesen nach dieser Stadt, ihrer Landschaft und ihren Menschen, die ihm nicht besonders sympathisch waren und grösstenteils nicht wirklich nah – aber Heimat, auch in ihrer Kleinkariertheit. Das hier kannte er, hier ging er auf sicherem Grund, hier wusste er, was hinter der nächsten Ecke wartete – und auch was ihm in düsteren Momenten Seelenruhe geben konnte.«

Das Judentum hat in Zürich eine lange und nicht einfache Geschichte. Die erste schriftliche Erwähnung der jüdischen Gemeinde datiert auf 1273. Damals, so schien es, wurde sie von der Bevölkerung weitgehend akzeptiert oder zumindest geduldet. In der Froschaugasse, die damals Judengasse hiess, stand im 14. Jahrhundert eine

Synagoge, die sogenannte »Judenschuol«. Die heutige Synagogengasse erinnert an sie. Doch zu dieser Zeit genoss die jüdische Bevölkerung längst nicht dieselben Rechte wie die Christen. Sie musste spezielle Kleidung tragen, an der sie von Weitem erkannt werden konnte, und durfte weder als Bauern noch als Handwerker arbeiten. Deshalb und auch, weil diese Tätigkeit den Christen verboten war, waren sie vor allem als Kreditgeber tätig. Und das machte sie bei den verschuldeten Zürchern nicht unbedingt beliebter. Sie schoben ihnen deshalb auch die Schuld an der grossen Pestepidemie von 1348/49 zu – Leiden verlangt nach einem Sündenbock. Rudolf Brun hetzte ganz offen gegen sie und gewann unter anderem so die breite Unterstützung der Stadtbürger. Während des Programs von 1349 wurde die Synagoge an der Froschaugasse zerstört, die Zürcher Juden wurden gefoltert, umgebracht und vertrieben. Ihr Besitz wurde verteilt, hauptsächlich an Rudolf Brun und seine Anhänger. Alle Schulden, die die Zürcher Bürger bei Juden hatten, wurden aufgehoben. Trotzdem zogen schon um 1380 wieder Juden nach Zürich, bis der Rat dann 1436 beschloss, die Juden endgültig auszuweisen. Endgültig?

Ab 1848 zogen Juden aus den Aargauer Gemeinden Endingen und Lengnau, den einzigen in der Schweiz, in denen sie bis dahin geduldet waren, zurück in die Stadt. Zusammen mit Einwanderern aus Osteuropa bildeten sie eine erste jüdische Gemeinde. Im Jahr 1862, als der Kanton Zürich den Juden die freie Niederlassung gewährte, bestand diese Gemeinde aus hundert Menschen. Im selben Jahr wurde auch der *Israelitische Kultusverein* gegründet, die heutige Israelitische Cultusgemeinde (und Arbeitgeber des Privatdetektivs aus Notwendigkeit, Rabbi Klein). Die volle Ausübung der Bürgerrechte wurde den Juden allerdings erst anlässlich der Teilrevision der Bundesverfassung 1866 gewährt. Die meisten Juden, die während des Zweiten Weltkrieges in die Schweiz flüchteten, landeten in Zürich. Nicht nur die bereits erwähnten Künstler und Intellektuellen, sondern auch viele Handelsleute, Anwälte und Ärzte. Nicht alle blieben in der Schweiz, viele zogen nach Kriegsende weiter, oft nach Amerika. Der Anteil der jüdischen Bevölkerung in Zürich sank ab 1948 wieder und hält sich seit 1970 mehr oder weniger konstant bei etwa einem Prozent. So weit die Statistik. Die Zahlen deuten es an, Antisemitismus ist ein heikles Thema in der Schweiz, ein oft unausgesprochenes, eines, mit dem man sich nicht auseinandersetzt, weil man nicht dazu gezwungen wird. Bürgerrechte hin oder her. Geschichtsbewältigung liegt uns in der Schweiz fern – wir waren ja schliesslich nicht die Bösen! Wir waren die Guten! Nazigold? Wer sagt das?

Die jüdisch-orthodoxe Gemeinde in den Stadtkreisen 2 und 3 ist zwar sichtbar, aber gleichzeitig auch verborgen. Nicht einzuordnen. Man sieht sie, aber man versteht sie nicht. Man kennt sie nicht. Was man nicht kennt, stellt man sich vor, und diese Vorstellungen sind es, die Vorurteile schüren. Deshalb ist es Bodenheimer wichtig, »das jüdische Leben in Zürich und der Schweiz authentisch zu schildern. Manchmal fehlt der Literatur über Juden das Insiderwissen. Ich kenne diese Welt von innen. Menschen, die mit dem jüdischen Leben nicht vertraut sind, sollen ein Bild davon erhalten – und erkennen, dass es eine eigene Normalität hat. Oft hat die

Bevölkerung das Gefühl, das Judentum sei eine ganz andere Welt.«

Tatsächlich vermittelt Bodenheimer einen Einblick, der faszinierend und banal zugleich ist, banal im besten Sinn: Denn der Alltag ist der Alltag ist der Alltag. Egal wo, egal bei wem. Auch im Haus des Rabbis ziehen sich schmollende Teenager hinter verschlossene Türen zurück, Ehepaare gehen sich aus dem Weg, das Wochenende ist immer zu kurz. Im Gegensatz zu den amerikanischen Bestsellern von Faye Kellerman, die ebenfalls in der orthodox-jüdischen Gemeinde, allerdings in Los Angeles, spielen, wird hier keine heile Welt vorgegaukelt, keine perfekte Ehe, und der Rabbi ist auch kein Heiliger. Er ist in all seiner Unzulänglichkeit – manchmal feige, manchmal aufbrausend und immer wieder überfordert – überaus liebenswert und menschlich. Obwohl es gar nicht sein ursprünglicher Wunsch war, Rabbiner zu werden, er in diese Rolle mehr hineingerutscht ist, nimmt er sie sehr ernst, vielleicht zu ernst. Das Verantwortungsgefühl für seine Gemeinde treibt ihn immer einen Schritt weiter, als es seine eigentliche Pflicht wäre. So beschäftigt ihn im ersten Band »Kains Opfer« die auf den ersten Blick nichtssagende Neujahrskarte eines ehemaligen Schülers ebenso stark wie der überraschende und, wie sich herausstellt, nicht natürliche Tod eines Gemeindemitglieds.

Der Rabbi hätte ein einfaches Leben, wenn er über solche Irritationen hinwegsehen, wenn er sein Mitgefühl ausschalten könnte. Stattdessen geht er ihnen mit derselben Genauigkeit, mit demselben detektivischen Spürsinn nach, mit denen er die Thora studiert und interpretiert. Und so erfahren wir ganz nebenbei, wie es Glauser gewollt hat, auch einiges über das Alte Testament – welches ja eine eigene Fundgrube von Mordgeschichten und Mysterien ist.

Gleichzeitig ist der Rabbi Klein aber auch ein ganz normaler viel beschäftigter Vater, dessen Vorhaben, am Wochenende das verpasste Familienleben der ganzen Woche nachzuholen, immer wieder kläglich scheitert, und der auch offen zugibt, dass ihm vor solchen Ausflügen graut. Seine Frau Rivka ist alles andere als eine zudienende Nebenfigur. Sie hat ihren eigenen Kopf – und sie behält die Nerven auch dann, wenn Klein die seinen verliert. Allerdings gerät sie im zweiten Band der Serie, »Das Ende vom Lied«, auch an ihre Grenzen, denn da geht es um Stalking. Die Tote ist eine Frau, die Rabbi Klein jahrelang nachgestellt hat. Und ihn mit ihren Projektionen an den Rand seiner Gelassenheit getrieben hat. Wie in solchen Konstellationen üblich, wirkt der entnervte Gestalkte irgendwann irrationaler und verdächtiger als sein Verfolger. Dass ausgerechnet der extravagante und eigentlich zu teure Wintermantel, den der Rabbi seiner Frau geschenkt hat, diese zur Verdächtigen macht, ist ein rührendes Detail.

In diesem zweiten Roman geht Bodenheimer noch weiter als im ersten, tiefer in die Beziehungen, in Rabbi Kleins Ehe hinein und stellt auch grundsätzliche Fragen nach der Natur der Liebe. In einer Nebenschlaufe lesen wir herzbeklemmende Liebesbriefe eines Mannes an seine im Konzentrationslager ermordete Frau. Es ist, als ob er nach dem Erfolg des ersten Bandes einen Rest Zurückhaltung abgelegt, die Handbremsen gelöst und seinem Schreiben freieren Lauf gelassen hätte. Man kann sich auf die folgenden Bände nur freuen!

Eine besonders interessante Nebenfigur ist auch der verstorbene Vater, den Rabbi Klein immer wieder mal zitiert. Ich habe den Verdacht, der Vater sage das, was der Rabbi nicht auszusprechen wage, zum Beispiel dies: »Das Unsympathische an vielen Zürchern ist, hatte Kleins Vater zuweilen gesagt, dass sie menschliche Beziehungen immer ihrem Vorteil unterordnen. Das Sympathische ist, dass sie sich dabei nicht verstellen.«

Um auf Bodenheimers Anliegen, den jüdischen Alltag so zu zeigen, wie er ist, zurückzukommen: Das Faszinierendste für mich ist der Eindruck eines einerseits ganz normalen Alltags, wie ich ihn auch kenne, gar nicht so anders, gar nicht so fremd. Und gleichzeitig einer mir unbekannten Ruhe in diesem durchaus modernen Alltag. Einer leichten, aber spürbaren Verschiebung der Prioritäten, die vielleicht durch die alles durchdringende, ständig präsente Beschäftigung mit spirituellen Fragen entsteht. Das zeigt sich in Details, zum Beispiel, dass Rabbi Klein sein Handy ausschaltet, als er sich auf den Weg zum Flughafen macht: Unterwegs ist unterwegs, sagt er. Vom Autor vermutlich nicht beabsichtigt ist mein neu erwachtes Verlangen nach Ritualen, nach einem säkularen Sabbat, einem Tag ohne alles.

Ist nun das Zürich, das Sie mit einem Kriminalroman in der Hand entdecken, das wahre Zürich? Oder ist im Gegenteil das erfundene, das besser beschriebene, das echtere? Das kann ich Ihnen nicht beantworten, aber ich kann einen Satz zitieren, den Raphael Zehnder seinem neuesten Krimi »Müller und das Lächeln des Hundes«, der für den Zürcher Krimi-Preis 2015 nominiert ist, voranstellt: »Wahr ist nur Zürich. Es existiert, es wächst, und ist schön.«

Wo Elefanten baden, lass dich ruhig nieder

Es passierte bestimmt zweimal in der Woche. Dass ich auf dem Weg zur Schule einfach umkehrte. Dabei verliess ich das Haus meist mit den besten Absichten. Heute würde ich zur Schule gehen! Ganz bestimmt! Es fiel mir zwar nicht schwer, im Absenzenbüchlein die Unterschrift meiner Mutter zu fälschen, aber trotzdem. Je öfter ich dem Unterricht fernblieb, desto schwerer fiel es mir, ihm zu folgen. Aber heute hatte ich sogar alle Aufgaben gemacht, und in der Pause wollten wir ... Hatte ich wirklich alle Aufgaben gemacht? Was war mit Französisch? Je näher der Schülerpulk auf den grauen Betonwürfel zurollte, desto schwerer wurde mir zumute. Und dann blieb ich stehen, das Schülermeer teilte sich, floss ungerührt rechts und links an mir vorbei, und ich drehte mich um. Schon in Sichtweite der Schule, manchmal auf den Treppen, die zum Pausenplatz führten. Ich kehrte um. Ich schwamm gegen den Strom. Zurück zur Strasse, zur Strassenbahnhaltestelle. Und mit dem Tram Nummer 6 hinauf zum Zoo. Was mich dorthin zog, ich weiss es nicht. Vielleicht fühlte ich mich den gefangenen Tieren verbunden, kam mir mein Schülerinnendasein oft auch vor wie hinter Gitterstäben eingesperrt und gleichzeitig ausgestellt zu sein? Mir war, als ob es tausend Stäbe gäbe und hinter tausend Stäben keine Welt … Tja, wenn Rainer Maria Rilke das Gedicht über den Panther nicht schon geschrieben hätte, ich hätte es mit vierzehn mit Sicherheit getan. Wenn ich die Worte dafür gefunden hätte …

Damals hatten es mir aber nicht die exotischen Raubtiere besonders angetan, sondern es zog mich immer zu den Wölfen, die ganz am Rande des damaligen Geländes eben nicht hinter Gittern lebten, sondern in einer Freiheit vortäuschenden Anlage, ich glaube, der ersten von vielen, die heute das Zooerlebnis ausmachen.

Noch bevor Zürich überhaupt einen Zoo hatte, im Jahre 1902 nämlich, schenkte der damalige abessinische Aussenminister, ein gebürtiger Schweizer, der Stadt zwei ausgewachsene Löwen. Die Suche nach einem geeigneten Käfig für die Raubtiere blieb erfolglos oder scheiterte an den begrenzten finanziellen Möglichkeiten. So gelangten die Löwen erst einmal in die Obhut des Bildhauers Urs Eggenschwyler. Der Künstler war oft in der Stadt zu sehen, wie er mit seinen Wildkatzen an der Leine spazieren ging. Was grosses Aufsehen erregte – man kann es sich vorstellen. Erst 1929 wurde der Zürcher Zoo eröffnet. Er verfügte damals schon über einen Elefantenstall, ein Raubtierhaus, einen Bärengraben und ein Affengehege. Dazwischen wohnten, ähnlich wie heute, die unscheinbareren Säugetiere in einfachen Ställen. Ausserdem waren im Hauptgebäude Vögel, Fische und Reptilien untergebracht. Schon eine Woche nach der Eröffnung erreichte der Zoo mit 20 835 Besuchern einen Rekord, der bis heute nur noch zweimal übertroffen werden sollte. Doch die ersten Jahre nach der Eröffnung waren für den Zoo nicht einfach. Die bereits erwähnte Maul- und Klauenseuche, die auch das Sechseläuten gefährdete, die Wirtschaftskrise der Dreissigerjahre, mehrere aussergewöhnlich kalte Winter und der Zweite Weltkrieg setzten dem Zoo stark zu. In der Verzweiflung griff man auch mal zu fragwürdigeren Mitteln, um mehr Leute in den Zoo zu locken, zum Beispiel zu sogenannten Völkerschauen. Den Besucherrekord von 1929 verdankte der Zoo nämlich dem »Senegalesendorf«, in dem 65 Männer, Frauen, Kinder und sogar zwei Neugeborene aus Französisch-Westafrika nach Herzenslust begafft werden konnten. 1932 wollte man mit einem »Lappenlager« inklusive Rentieren und 1935 mit einer 65-köpfigen Marokkanertruppe an diesen Erfolg anknüpfen. Das Interesse der Bevölkerung an den Völkerschauen hatte da aber zum Glück bereits stark nachgelassen. In den Fünfzigerjahren setzte man dafür den Schimpansen lustige Hüte auf, hängte ihnen Lätzchen um und fütterte sie mit Teigwaren. Negative Schlagzeilen machten auch der Ausbruch eines schwarzen Panthers, der im Spätherbst 1933 für zehn Wochen verschollen blieb, und eines Leoparden, dem 1936 die Flucht gelang. Die exponierte Lage auf 600 Metern über dem Meeresspiegel bereitete vor allem am Anfang Probleme, als die meisten Unterkünfte für die Tiere noch nicht beheizt waren und das Gebiet noch nicht an die Wasserversorgung der Stadt Zürich angeschlossen war. Heute bietet das Areal am Stadtrand zwischen Wiesen und Wäldern den Vorteil, dass dem Zoo noch einige Hektar Fläche für Erweiterungen zur Verfügung stehen. Diese Möglichkeit wurde in den letzten Jahren ausgiebig genutzt.

»Du würdest den Zoo nicht wiedererkennen«, behauptete neulich eine Freundin. Ich wusste nicht, ob ich ihr glauben sollte, doch sie insistierte: »Sag schon, wann warst du denn zum letzten Mal im Zürcher Zoo?«

»Keine Ahnung!«, musste ich zugeben. Ich versuchte, mich zu erinnern. Es musste lange her sein. Vermutlich, als die Kinder klein waren. Bevor wir nach Amerika zogen. Also vor mehr als fünfzehn Jahren. Abgesehen von einem Workshop gegen Spinnenangst, den ich vor ein paar Jahren besucht hatte. Mit so viel Erfolg, dass mich plötzlich das Bedürfnis packte, Sophie zu besuchen. Sophie, die mexikanische Rotknie-Vogelspinne, die mit ihren samtenen Füssen langsam meinen Arm hinaufgekrabbelt war, was ich überraschend schön gefunden hatte. Sophie, um deren Terrarium ich früher immer einen Riesenbogen gemacht hatte.

»Vogelspinne, spinnst du?« Meine Freundin wollte endlich das Elefantenbaby sehen.

»Welches Elefantenbaby?«

»Du arbeitest wirklich zu viel«, sagte sie, und damit war es entschieden. Wir stiegen ins Tram Nummer 6. Unterwegs erinnerte ich mich an ein anderes Elefantenbaby, das vor zwanzig Jahren die Öffentlichkeit in Atem hielt. Vor allem deshalb, weil es sich weigerte, zum berechneten Termin auf die Welt zu kommen. Ein ganzes Team von Fernsehjournalisten hielt eine Nacht lang vergebens (dafür exklusiv) Wache. Kaum hatten sie ihre Kameras wieder eingepackt und waren abgezogen, wurde das Elefantenbaby geboren – unter Ausschluss der Öffentlichkeit. Das weiss ich deshalb so genau, weil ich zur gleichen Zeit mit meinem jüngeren Sohn schwanger und ebenso weit über den Geburtstermin hinaus war. Nicht nur deshalb identifizierte ich mich damals voll und ganz mit der Elefantenkuh Celia. Hiess sie Celia? Oder Ceyla?

Meiner Erinnerung ist ohnehin nicht zu trauen: Wenn dieses Elefantenbaby unter Ausschluss der Öffentlichkeit zur Welt gekommen ist, wie kam es dann, dass ich mir regelmässig den Film seiner Geburt ansah? Das Video wurde im Elefantenhaus gezeigt und vor allem von jungen Müttern mit einer Mischung aus Mitgefühl und Schaudern angeschaut. Immer wieder. Es diente uns allen zur Verarbeitung des Geburtstraumas. Ob man der Elefantenkuh auch weisgemacht hatte, sie müsse nur richtig atmen, dann würde es ü-ber-haupt nicht weh-tun?

»Siehst du, das ist meine Verbindung zu den Zooelefanten!«, erzählte ich meiner Freundin im Tram. Ich schwatzte so aufgeregt auf sie ein, dass wir gar nicht merkten, wie das Tram sich füllte. Es war Samstag, und die Sonne schien zum ersten Mal seit Wochen. Wir waren also nicht die Einzigen, die mit eindeutigen Absichten an der Endstation Zoo aus dem Tram stiegen. Bei Weitem nicht. Beim Aussteigen wurden wir von den Menschenmassen überrumpelt. Der Passantenstrom mischte sich mit den Zuflüssen aus drei oder vier Touristenbussen. Kinderwagenräder verhakten sich ineinander. Wir traten einander auf die Füsse, wir rempelten uns vor der Kasse an. Womöglich war heute ein Tag, an dem der alte Besucherrekord vom 22. September 1929 noch einmal übertroffen wurde? Das erste Mal geschah das nämlich erst am 31. August 2002, als 28 724 Personen anlässlich der Eröffnung des Zoolinos den Zoo besuchten. Am 16. Juli 2005 kamen 30 968 Besucher in den Zoo, um bei der Eröffnung der Naturwerkstatt dabei zu sein. Im Jahr 2014, als die neue Elefantenanlage eröffnet wurde, wurden 1 422 059 Besucher verzeichnet. Und heute?

Wir schauten uns nur an – zwei im Moment gerade etwas angeschlagene Seelen, die Ruhe suchten. Was hatten wir uns dabei gedacht? Aber jetzt, wo wir schon einmal hier waren … Tapfer arbeiteten wir uns zur Kasse vor. Beim Eintritt hatte man in den letzten zwanzig Jahren ganz schön aufgeschlagen. Aber er musste es wert sein: all die neuen Gehege, die keine Gehege mehr waren, sondern Lebenslandschaften! Die verschiedenen Kontinente, die glückliche Tiere, die sich sozusagen frei bewegten!

Der Zoo Zürich sieht sich heute vor allem als Naturschutzzentrum. Jede neue Anlage ist mit einem Naturschutzprojekt verknüpft. Ausserdem nimmt der Zürcher Zoo an rund vierzig Erhaltungszuchtprogrammen teil. Unter anderem werden in diesem Rahmen sibirische Tiger, Schneeleoparden, indische Löwen, asiatische Elefanten, Löwenäffchen und Kapuzineraffen und andere bedrohte Tierarten gehalten, die sich zumeist erfolgreich vermehren.

Auf Tierarten mit grossem Platzbedarf oder hohen Bewegungsansprüchen verzichtet der Zoo unterdessen, weil er ihnen die für sie idealen Bedingungen nicht bieten kann. Sogar Publikumsmagnete wie Eisbären und Schimpansen wurden deshalb abgegeben.

Die Masoala-Regenwaldhalle, die 2003 realisiert wurde, ist wohl die spektakulärste Anlage. Auf einer Grösse von eineinhalb Fussballfeldern und dreissig Meter Höhe bewohnen über vierzig Tierarten den künstlichen Regenwald, unter anderem Lemuren, Makis, Chamäleons, Flughunde, Schildkröten, Vögel und Insekten. Die Tiere können sich auf der ganzen Fläche dieses übergrossen Gewächshauses frei bewegen. Die Halle beruht auf einer Zusammenarbeit mit dem gleichnamigen Nationalpark auf Madagaskar.

Wir allerdings waren an diesem überraschend sonnigen Samstagnachmittag für jedes Mikroklima viel zu warm angezogen, der Zoo war überfüllt, erst recht in den geheizten Häusern, in denen uns sofort der Schweiss ausbrach. Wir hatten kaum Platz, unsere Jacken auszuziehen und über den Arm zu legen. Vor den wenigen Toiletten standen stolze Grosseltern mit quengelnden Enkeln Schlange. Und dann konnte ich Sophies Terrarium nicht mehr finden. Plötzlich fühlte ich mich wie ein kleines Kind, überfordert, überreizt und den Tränen nahe. Meine Freundin, die auch gerade vom Leben etwas angeschlagen war, sah wild um sich wie ein Tier auf der Flucht. Wir vergassen Spinnen und Schlangen und Krokodile und kämpften uns wieder hinaus an die frische Luft. Am liebsten wären wir gleich wieder gegangen, aber dafür hatte uns der Eintritt zu viel gekostet. Im wörtlichen wie im übertragenen Sinn. »Aber das Elefantenbaby muss schon sein«, sagten wir tapfer.

Und so landeten wir in Thailand, wo uns ein König aus Holz begrüsste und uns die Massen gleich wieder umschlangen. Der Kaeng-Krachan-Elefantenpark ist ein Erlebnis, keine Frage, nicht nur für die Besucher, sondern auch für die Tiere. Die Grosszügigkeit des Geländes erlaubt auch spielerisch dargestellte, lebensgrosse Szenen aus dem Leben und dem Alltag der jeweiligen Kontinente. So kommt man auf dem Weg nach Thailand an einer Hütte vorbei, komplett mit Kochstelle, Familienfotos hängen an den Wänden, die Stimme eines thailändischen TV-Kommentators überschlägt sich während einer Fussballübertragung. Am Rand einer Ananasplantage steht ein Wachtturm, denn in Thailand schlafen Bauern am Rande des Nationalparks auf solchen Bambuspodesten.

Wo früher der Pfleger quasi das Alphatier war, entsteht nun im geschützten Rahmen eine selbst gewählte Rangordnung. Bei den Zürcher Elefantendamen herrscht das selbstbestimmte Matriarchat.

Seit der Eröffnung haben die Elefanten zusammen schon über hundert Kilo abgenommen, weil sie sich stärker anstrengen müssen, um an ihr Futter zu kommen, das zum Beispiel in Gittern von der Decke hängt. Folglich essen sie nur noch, wenn sie wirklich Hunger haben. Das heisst, dass man sie auch nicht mehr nur beim teilnahmslosen Kauen von Heu beobachten kann, sondern beim wahren Leben: beim Wandern, Streiten, Baden, Spielen. Es lag also nicht am Gehege und schon gar nicht an den Tieren, nur an den schieren Menschenmassen, dass wir uns sofort wieder überfordert und leicht panisch fühlten. Und das Elefantenbaby, das berühmte, war auch nirgends zu sehen. Wir wollten schon die Flucht ergreifen, da entdeckten wir plötzlich eine Treppe. Die Stufen führten zu einer Art Höhle hinunter. Da unten war es blau und still. Wir gingen ein paar Schritte auf das Blau zu und merkten, dass es eine

Glasscheibe war. Und hinter der Glasscheibe Wasser. Ein Schild klärte uns darüber auf, dass man hier den Elefanten beim Baden zusehen konnte. Zu bestimmten Zeiten. Aber nicht jetzt. Nicht heute. Wir setzten uns auf die Stufen und redeten und redeten und schauten in das Blau.

Und es gab keinen besseren Ort auf der Welt als diese blaue Grotte mitten im Gewühl – mitten in Thailand, mitten in Zürich. Und dann fiel mir einer meiner Söhne ein, der vor zwanzig oder mehr Jahren nach seinem allerersten Besuch hier ähnlich überfordert war, übersättigt von Eindrücken, vom Spektakulären, nie Gesehenen. Auf die Frage, was ihm am besten gefallen habe, antwortete er folgerichtig: »Die Gänse auf den Fusswegen.« Die einfachsten Dinge sind oft die schönsten, aber um das zu merken, braucht man auch das Spektakuläre.

Und so wandten wir uns nach dem Ausgang nach links statt nach rechts. Auf der Suche nach einem hübschen Lokal, in dem wir zum Abschluss ein Eis essen konnten, gingen wir nicht zur nächsten Tramhaltestelle, sondern einfach die Strasse entlang, bis sie endete. Wir gingen in den Wald hinein, und bevor wir uns versahen, hatten wir die Stadt verlassen. Durch den Hinterausgang sozusagen. Ohne es zu merken. Ohne es zu wollen.

In Zürich leben

Seit siebzehn Jahren lebe ich nicht mehr in dieser Stadt, die einst für mich das Ende des Regenbogens bedeutete. Ich teile ihren Alltag nicht mehr, ich kann ihn mir auch nicht mehr richtig vorstellen. So vieles hat sich in diesen Jahren verändert.

Was heisst es also, heute in Zürich zu leben? Diese Frage habe ich einer vollkommen willkürlichen Gruppe von Verwandten und Bekannten gestellt. Und das sind ihre Antworten:

»Ja, was bedeutet es für mich, in Zürich zu leben? Alles!

Ich bin hier aufgewachsen, habe immer hier, nie irgendwo sonst gelebt, hätte mir das auch nie vorstellen können. Meine längste Abwesenheit von Zürich am Stück waren dreieinhalb Wochen Wanderferien im wunderschönen amerikanischen Westen. Von jeder Reise, und sei sie auch noch so schön und interessant gewesen, ist das Beste stets, wieder heim nach Zürich zu kommen.

Zürich ist meine Heimat, für mich die schönste Stadt der Welt, auch wenn ich bei Gott nicht alle Städte kenne und weiss, dass es viele schöne und einige noch schönere Städte geben mag. Aber an einem klaren Tag bei Föhnwetter über die Quaibrücke zu gehen, wenn die Berge zum Greifen nahe sind wie selten, den Blick hinauf zum See, hinunter die Limmat entlang, daneben das (leider nicht mehr immer) blaue Tram: Heimatgefühl. Tönt, als wäre ich beim Tourismus-Direktor angestellt.

Sagen, was das Beste war und ist, kann ich nicht, Heimatgefühl eben. Selbstverständlich gefällt mir nicht alles, vor allem die Veränderungen nicht, aber das liegt an meiner jeder Veränderung abholden Art und an meinem Alter: Das Verschwinden der alteingesessenen Geschäfte in der Innenstadt missfällt mir, in den Aussenquartieren kenne ich mich überhaupt nicht (mehr) aus, habe ja immer nur rund um den Römerhof gelebt.«

Rosa Zimmermann, Redaktionsassistentin a. D.

»Zürich ist für mich der ›home turf‹. Ich kann Stadt und Leute dekodieren, alles ist nah, mit allen Vor- und Nachteilen – abtauchen ist schwierig, sogar mitten im See trifft man alte Bekannte.

Was bedeutet es, in Zürich aufgewachsen zu sein? Siehe oben. Ein übersichtlicher Sandkasten, um sich ins Leben einzuüben.«

Richard Reich, Autor

»An Zürich schätze ich, dass man mitten in einem urbanen Zentrum ein total dörfliches Leben führt. Man trifft immer dieselben Leute an immer denselben Orten. Mein Stammlokal ist mein zweites Zuhause, ich treffe dort meine Freunde, meine Arbeitskollegen, ich führe meine Freundin auf ein Date aus. Gerade im Sommer spielt sich mein Leben auf einer Strecke von vielleicht eineinhalb Kilometern ab, zwischen Limmat und Helvetiaplatz.«

Lino Moser, Architekt

»Meine Jugend in Zürich war vom See und vom Fluss geprägt. Sonntags ging man mit der Familie am See flanieren, in der Limmat lernte man schwimmen. Es sind kalte und träge Wasser, bequem liegen sie zwischen den grünen Hügeln rund um die Stadt, sie fliessen nur langsam, Stromschnellen und Wirbel gehören nicht zu ihrem Charakter. Wie das Wasser sind auch die Zürcherinnen und Zürcher, etwas träge, bequeme Menschen, kühl und vorausschauend, allen Unwägbarkeiten und Überraschungen ausweichend.

Mir gefiel es, hier aufzuwachsen. Die Wege von einem Ort zum anderen sind kurz, eigentlich kann man – und konnte man vor allem in meiner Jugend, als sich die Stadt noch nicht bis nach Winterthur und das Limmattal hinunter erstreckte – zu Fuss fast überallhin gelangen. Von Wipkingen, wo ich aufwuchs, in die Bars im Niederdorf, an die aufregend exotische Langstrasse, in die Schule oben am Waidberg, in die Lehre an der Bahnhofstrasse. Und damals, in den Siebziger- und Achtzigerjahren, gab es Jobs, so viele man wollte. Ob als Maler, Vergolder, Buchhalter in einem Schlankheitsinstitut, Schauspieler, Bauhandlanger, Redaktionsassistent, Inserate-Akquisiteur, Umzugsreiniger, Schreiner, Transportarbeiter – ich brauchte nur kurz in die Zeitung zu schauen oder zum Schwarzen Brett in der Uni zu gehen, und schon hatte ich wieder einen Job, meistens sogar einen gut bezahlten. Arbeitslosigkeit gab's nicht, ebenso wenig Hunger, Kriminalität, Erdbeben, Seuchen, Hurrikane, Tsunami, Terroranschläge oder giftige Spinnen. Das Leben war wunderbar bequem, und genau darum auch sehr langweilig. Was wiederum den Vorteil hatte, dass man mit wenig Anstrengung ein Höchstmass an Aufsehen erregen konnte. Eine obszöne Parole, hingeschmiert auf eine Kirchenmauer, sorgte tagelang für aufgeregte Kommentare in den Tageszeitungen, etwas Haschischrauch an der sogenannten »Riviera«, dem Limmatufer, an dem sich die Jugend traf, führte gleich zu Verhaftungen und Razzien in Wohngemeinschaften. Eine Demonstration gar, zum Beispiel gegen den Vietnamkrieg, erschreckte die Bourgeoisie so nachhaltig, dass die vermögenden Bewohner des Zürichbergs, des vornehmsten Stadtteils, in ihre Villen im Tessin flohen …

Ab den Neunzigerjahren wurde Zürich etwas offener und internationaler. Lebt man, wie ich, im Kreis 4, liegt die ganze Welt direkt vor der Haustür: zwei tamilische Lebensmittelläden, ein chinesischer, ein indischer Supermarkt, zwei spanische Comestibles, ein spanischer Bäcker, ein Bioladen, zwei Kinos, unzählige Bars und Restaurants – all das ist in wenigen Minuten zu Fuss erreichbar. Mit dem Velo bin ich in zehn bis zwanzig Minuten in allen anderen Quartieren, der öffentliche Verkehr ist vorbildlich, der Autoverkehr hält sich in Grenzen, Fahrradfahren ist einigermassen sicher, man kann schwimmen gehen, ohne von Haien gefressen zu werden, das Trinkwasser ist lecker und bekömmlich, die Luft ganz okay. Im Zoo hat's herzige Elefanten, im See essbare Fische, und wenn der Frühling kommt, sitzen Meisen und Rotkehlchen auf dem Balkongeländer und singen ein fröhliches Lied. Zwar finden Neuzuzügler keine bezahlbare Wohnung, aber so ist es in den meisten Städten dieser Welt. Verglichen mit Bangkok, Phnom Penh oder Nairobi ist es noch immer stinklangweilig, aber je mehr Menschen von dort nach Zürich kommen, desto spannender wird's.

Ja, Zürich war und ist auch heute noch ein gemütlicher Ort, nur die Winter verbringt man gerne in wärmeren Gefilden.«

Christoph Schuler, Redakteur des Comic-Magazins STRAPAZIN

»Ich bin im Zürcher Oberland aufgewachsen, schön früh habe ich gemerkt, dass mir die Mentalität auf dem Land nicht entspricht, jeder kennt jeden, weiss alles über alle, ich fühlte mich eingeengt und beobachtet. Für mich hat der Umzug nach Zürich nicht weniger als den Schritt in die Freiheit, in die Unabhängigkeit bedeutet.

Zürich war im Umbruch, die Jugend forderte Freiräume, die Achtzigerjahre bescherten Zürich ihre ganz eigene Revolution. Und ich war am Rande mittendrin! Illegale Clubs, Hunderte von Bands sprossen wie Pilze aus dem noch bezahlbaren Boden. Inzwischen hat sich manches geändert, Wohnungen sind rar und teuer, es gibt ganze Partyzonen, wo sich die gut verdienende Jugend am Wochenende austobt, zum Teil zum grossen Kümmernis der AnwohnerInnen.

Und doch ist Zürich für mich das geblieben, was es damals war: meine Stadt, mein Dorf, mein Quartier, meine Heimat. Ich lebe seit zwanzig Jahren in einer

Genossenschaft mitten in der Stadt, kenne alle Leute beim Namen, kaufe im Bioladen um die Ecke ein und geniesse in der Bar nebenan den Nachmittagskaffee in der Sonne. Mit dem Fahrrad bin ich in zehn Minuten am See, in einem der wunderschönen Flussbäder, oder am Waldrand, wo ich auf der Finnenbahn meine Runden drehen kann – je nach Stimmung. Ich kann mir ein Billett für die grosse Zürisee-Rundfahrt kaufen, oder eins auf den Uetliberg, und wenn ich dann entweder die Berge vom Wasser aus betrachte oder von oben auf die Stadt blicke, dann erfüllt mich immer eine tiefe Zufriedenheit. Dann ist Zürich für mich die schönste Stadt der Welt.«

Sibylle Aeberli, Musikerin und Schauspielerin

»Was es mir bedeutet, in Zürich zu leben? Und was das Beste daran ist?

Ich war immer wieder weg von Zürich; für längere und für kürzere Zeiten, aber ich bin immer wieder hierher zurückgekommen. Warum? Ich fühle mich zu Hause in dieser Stadt, weil hier ganz viele meiner FreundInnen leben und arbeiten. Ich mag den See und die Flüsse, die Hügel rundrum, ich mag die Einflüsse, die von aussen kommen und manchmal ganz schnell zu zürcherischen Gewohnheiten werden. Wir Zürcher haben so eine Art, alles, was uns passt, als unsere Eigenheit zu verkaufen, sehr schnell und ohne Angaben von Copyright.

Ich habe mich im vergangenen Jahr intensiv gefragt, wo ich meinen Lebensmittelpunkt haben möchte. Ich ziehe zum ersten Mal seit zwanzig Jahren um, nach 35 Jahren in ein anderes Quartier, und habe mich entschieden, noch mehr Zeit im Süden mit Blick aufs Meer zu verbringen. Aber Zürich behalte ich als Lebensmittelpunkt, hier will ich mehr als ein Bein und ein Bett. Warum? – Heimat! (und das will ich jetzt nicht definieren).«

Ernst Buchmüller, Journalist und Moderator

»Nach der 2. Sek wollte ich unbedingt nach Zürich. Bloss nicht in Horgen verblöden, bloss keine langweilige Lehre machen. Ab nach Zürich, Gymnasium, Rote Fabrik, Freiheit, Andersdenkende, Gleichdenkende, Musik und Punk und violette Haare.

Vier Jahre lang, dann wurde es auch da zu eng. Ab in die Ferne, Grossstadt, London, New York und Hamburg. Anonymität, erwachsen werden, selbstständig werden, fotografieren und darüber staunen, was alles möglich ist, ausserhalb der behäbigen sturen langsamen Schweiz.

Und dann doch seit zwanzig Jahren wieder in Zürich zu Hause. Im »Alter« schätze ich nun plötzlich das Überschaubare. Zürich ist wie ein Dorf, im Winter grau und verschlossen, im Sommer einfach Lebenslust pur. Jeden Winter die gleiche Vorfreude auf den Sommer. Rauf auf den Uetliberg, ab an die Langstrasse und runter zur Limmat, dann wieder an den See. Die Luft gut, das Wasser klar. Die Bäume, die Parks, überall Kunst, unzählige Museen, Galerien und Konzerte. Die Auswahl gross, das Gefühl, ständig was zu verpassen, auch gross, zum Glück muss ich nicht mehr überall.«

Nicole Aeby, Photography Consultant

»Ich leb gern in Zürich, weil es die Stadt meiner Kindheit ist, meine Eltern sind beide in Zürich-Affoltern aufgewachsen, als Kind hat mir mein Grossvater die Stadt gezeigt, und obwohl ich im Oberland aufgewachsen bin, war Tsüri immer ›meine‹ Stadt... Als Teenie zum ersten Mal alleine an die Rivi, dann die ganzen 80er, AJZ, so was konnte in meinen Augen nur Züri.

Ich hab mich immer sicher gefühlt in der Stadt, ich hab sie allein erkundet, mich in verschiedenen Altern in verschiedenen Quartieren rumgetrieben, die meisten Leute, die ich kenne, leben hier.

Zürich sind meine Wurzeln, da komm ich her und gehör ich hin.

Kreis 4 – das hat sich einfach so ergeben, da waren nun alle Freundinnen (in den Kreisen 3, 4, 5), aber im 4i gab es die meisten billigen Wohnungen. Zu der Zeit wär ich aber auch sofort ins 3 oder 5i gezogen... dann hatte ich hier billige Wohnungen, Freundinnen um die Ecke, alles an Ausgangsmöglichkeiten in 5 Minuten Velodistanz, wichtig als zimli alleinerziehende Mutter... dann ging mein Sohn hier in die Schule, er ist selbst so stolz auf den Kreis 4, das sind nun seine Wurzeln...

Und heute bin ich einfach schon zu lange hier, um woanders namal neu anzufangen. Ich treffe Leute auf dem Weg zu Arbeit, beim Posten, im Ausgang, mein Fussballklub spielt 5 Minuten von zu Hause entfernt... Fühle mich als Teil davon, auch hier wieder, im Kleinen halt.

Einen Wechsel ins 3 könnt ich mir noch vorstellen, ins 5i schon nicht mehr, zu schickisiert alles da, und so richtig hab ich den nie gemocht, den Kreis 5, keine Ahnung wieso ...«

Sacha Rohrer, Bibliothekarin

»Immer wieder erstaunlich ist die Tatsache, dass man sich auf Zürcher Stadtgebiet erfolgreich als Jäger und Sammler betätigen kann, ohne fremde Schrebergärten zu plündern oder anderweitig mit dem Gesetz in Konflikt zu geraten. Wie zu Zeiten von Hugo Balls ›Flametti‹ lassen sich nämlich mit Regenwürmern kapitale Flussbarsche und Forellen fangen; Bärlauch, Morcheln und Schweinsohren wachsen um die Ecke. Und wo sonst auf der Welt ist es möglich, in städtischen Rabatten Salate und veritables Gemüse zu ernten? Die notorisch unterernährten Dadaisten hätten ihre Freude gehabt.«

René Moser, Filmveranstalter

»Warum lebe ich hier? Warum bin ich geblieben? Was hält mich hier?

Wenn ich mir es genau überlege, irgendwann vor siebzehn Jahren bin ich hier angekommen, hat es mich irgendwie in die Stadt ›hineingespült‹. War es Zufall? War es Schicksal? Ich weiss es nicht so genau, ich bin geblieben. Es war der Klassiker, das Landei in der grossen Stadt. Aber es hat sich für mich immer richtig angefühlt, ich habe es nie hinterfragt. Ist es das Licht, ist es der Charme, der See, sind es die Leute, die Anonymität, das Angebot, die Kultur? Ich weiss es nicht, ich kann es irgendwie auch nicht genau benennen. Obwohl ich das Gefühl habe, etwas Wichtiges und Bedeutendes sagen zu müssen, um der Stadt gerecht zu werden. Vielleicht ist es eine Mischung aus allem. Vielleicht auch, weil ich es nicht hinterfrage, weil es gut ist, weil es sich gut anfühlt. Ich bin hier zu Hause. ›Little Big City‹ eben. Typisch schweizerisch, aber auch wieder nicht.

Dann wird das wohl so zu mir passen – Sternzeichen Zwilling mit zwei Gesichtern.«

Nicole Dolder, Kulturmanagerin

»Ich bin ein Stadtkind, ich wuchs in der Altstadt von Zürich auf zu einer Zeit, als in der nächsten Umgebung noch vier Bäckereien, zwei Metzgereien, drei Comestibles-Geschäfte und zwei Papeterien ihr Auskommen fanden. Es gab den Glaser, den Milchmann, der jeden Morgen vorfuhr, es gab den Spengler, und es gab Kindergärten und mehrere Schulhäuser. Der Ruf der Altstadt war nicht besonders. In meiner Primarschulklasse gab es mehrere Kinder, deren Mütter Prostituierte waren. Aber auch das Schauspielhaus und das Kunsthaus waren um die Ecke, und in fünf Minuten gelangte man zur Universität.

Natürlich vermisse ich das. Doch es ist wohl eher die Zeit, die nicht mehr so ist wie früher.

Würde ich heute ins Zentrum Zürichs ziehen, so fühlte ich mich wohl sehr isoliert. Vermutlich wäre ich auch enttäuscht und würde die Leute in Schlieren oder Schwamendingen darum beneiden, dass sie so schnell ins Shoppingcenter gelangen, dass sie ihre Kinder in der Nachbarschaft zur Schule schicken können, dass es Spielplätze gibt, dass sich im Untergeschoss eine Garage befindet. Zürichs Zentrum tötelt etwas vor sich her und wird erst von denen, die anderswo wohnen, nämlich in der Agglomeration, an den Wochenenden zum Leben erweckt...«

Nikolaus Wyss, Stadtrandführer

»Was ich an Zürich liebe? Die Vielfalt an kulturellen Angeboten, unter anderem das hervorragende Opernhaus; dass Filme nicht synchronisiert, sondern in der Originalsprache gezeigt werden; den gut ausgebauten öffentlichen Verkehr (kein Problem, mal das Tram zu verpassen, bald kommt schon das nächste). Und natürlich den See! Der Blick von der Quaibrücke, manchmal bis zu den fernen Schneebergen, der mir seit meiner Kindheit vertraut ist, begeistert mich jedes Mal aufs Neue. Ich wundere mich dann immer, wenn die Leute während der kurzen Tramfahrt über die Brücke ununterbrochen auf ihr Handy starren und nie aus dem Fenster schauen.«

Marlis Pörtner, Psychologin und Autorin

»Im Gegensatz zu vielen anderen, die hier permanent in irgendeinem Schluchtendialekt betonen, dass sie Zürcher sind, bin ich hier geboren. Bekannte, die das auch von sich behaupten können, sind leider langsam am Aussterben und / oder an einer Hand abzuzählen … An Zürich schätze ich denn auch vor allem alles, was aufmüpfig ist und sich widersetzt und unbequem schräg ist. Zürich ist schlichtweg zu reich und zu bequem. Was mich hier hält, sind meine Freunde und Freundinnen und natürlich mein Fussballclub. Mühe habe ich in Zürich mit all den geldgeilen Neuzuzüglern, die politisch aktiv an der Umkrempelung ganzer Quartiere mitarbeiten und profitieren und gleichzeitig auch noch behaupten, sie seien links und fortschrittlich. Am schlimmsten ist die Invasion der bärtigen Hornbrillen mit ihren Schlumpfkappen und Tablets, die glauben, am Computer die Welt zu verändern, und sich Zürich als

Durchgangsort erkoren haben. Diese Karawane kann jederzeit weiterziehen. Ich brauche sie nicht.«

Ueli Baum, Demonstrant

»Für mich ist Zürich eine ganz grosse Liebe. Ich schätze es, in dieser kleinen Grossstadt mit ihrem vielfältigen Kulturangebot, verruchten Seiten des Nachtlebens, den hübschen Kaffees, den charmanten Quartieren und ihrem Seeanschluss zu leben. Für mich ist Zürich ein Stück Freiheit, da die Stadt gross genug ist, dass es den Einzelnen nur bedingt kümmert, wie der andere lebt und was er gerade tut, andererseits ist sie klein genug, dass man den Leuten, die man sehen will, auch per Zufall begegnet. Ich liebe den Wald und die kleinen Hügel drumrum. Ich schätze die Zürcher Multikulturalität und die Vielseitigkeit der Stadt. Für mich ist Zürich Heimat geworden.

Denn ich wuchs am anderen grossen Ort im Kanton Züri auf, wusste aber schon bald, dass mir diese Stadt zu eng würde. So zog es mich gleich nach der Matura nach Zürich. Damals in den Kreis 4. Da ich mir meine beiden Studien mit Auflegen verdiente, war es logisch, dass ich auch in der Nähe von den Clubs wohnte. Inzwischen bin ich etwas weniger in der Nacht unterwegs und wohne nicht mehr in Clubnähe. Dafür blicke ich jeden Tag vom Höngger Hügel aus auf die Stadt und erfreu mich daran. Obwohl ich nun seit fünfzehn Jahren hier lebe, entdecke ich noch jede Woche neue Winkel, Gassen oder Restaurants.«

Léa Spirig, Journalistin

Und ich? Ich sitze am Seeufer auf einem Mäuerchen und esse ein Eis, Tschuldigung, ein Gelato. Es ist heiss, aber nicht zu heiss. Meine Füsse baumeln im kühlen Wasser, ich schaue den »Taucherli« zu, die sich auf kokette Art kopfvoran ins Wasser stürzen, so als spielten sie nur. Ein Kursschiff wirft Wellen auf, ein Pedaloboot gerät gefährlich ins Schaukeln, die jungen Mädchen, die sich darauf räkeln, kreischen. Irgendwo läuten die Glocken. Der Himmel über der Stadt färbt sich langsam rosa, und ich denke: Spinne ich eigentlich? Wer würde freiwillig von hier wegziehen? Warum tu ich das?

»Damit du mich besser sehen kannst«, sagt eine kühle, spöttische Stimme neben mir. Es ist nicht der Wolf aus dem Märchen, es ist meine alte Tante Turica. Sie hat mich wieder einmal durchschaut. Aus der Ferne sehe ich sie besser, in der Distanz erkenne ich sie. »Tja, bei dir wächst die Liebe mit der Entfernung«, spöttelt Tante Turica. Dann reicht sie mir ihr Eis, zieht ihr Kleid über den Kopf und springt elegant wie ein Pfeil in die klaren Fluten. Ich schaue ihr einen Moment lang nach. Zürich, denke ich. Dich gibt es wirklich nur einmal!

Literaturverzeichnis

Alfred Bodenheimer, Kains Opfer, Nagel & Kimche im Carl Hanser Verlag 2014 (Zürcher Krimi-Preis 2014); Das Ende vom Lied, Nagel & Kimche im Carl Hanser Verlag 2015

Hans Bodmer, Das Tram in Zürich 1928 bis 1962 – auf Schienen unterwegs, Sutton Verlag 2011

Mitra Devi, Der Blutsfeind, Appenzeller Verlag 2012 (Zürcher Krimi-Preis 2012); Filmriss, Unionsverlag 2013; Das Kainszeichen, Unionsverlag 2014

Roger Graf, Die rechte Hand, Pendragon 2012; Der schöne Tod, Vidal Verlag 2014

Stephan Ineichen, Zürich 1933–1945, 152 Schauplätze, Limmat Verlag 2009

Petra Ivanov, Stille Lügen, Appenzeller Verlag 2008 (Zürcher Krimi-Preis 2009)

Sunil Mann, Fangschuss, Grafit Verlag 2010 (Zürcher Krimi-Preis 2010)

Thomas Lau, Kleine Geschichte Zürichs, Verlag Friedrich Pustet 2012

Stephan Pörtner, Mordgarten, Applaus Medien AG 2013; Stirb, schöner Engel, Bilgerverlag 2012 (Zürcher Krimi-Preis 2012); Köbi Santiago, Bilgerverlag 2007

Esther Scheidegger, Spaziergänge durch das Zürich der Literaten und Künstler, Arche Verlag 2008

Severin Schwendener, Schach & Matt, Edition 8, 2013 (Zürcher Krimi-Preis 2013)

Martin Suter, Montecristo, Diogenes Verlag 2015

Martin Walker, Zürich HB, Fona Verlag 2011

★

Hans Arp aus: »Das dadaistische Manifest«, zitiert nach »Die literarische Moderne in Europa«, Westdeutscher Verlag 1994.

Die Zitate von Alfred Bodenheimer stammen aus seinen Büchern »Kains Opfer«, © 2014 Nagel & Kimche im Carl Hanser Verlag München, und »Das Ende vom Lied«, © 2015 Nagel & Kimche im Carl Hanser Verlag München.

Dank an Franz Hohler für die Erlaubnis zum Abdruck eines Auszugs aus seinem Nachruf auf Niklaus Meienberg aus: »Die blaue Amsel«, Luchterhand 1995.

Die Zitate aus Ringelnatz' Gedicht »Zürich« sind dem Band Joachim Ringelnatz: Sämtliche Gedichte, Diogenes Verlag AG Zürich 1997, entnommen.

Isch es rächt gsi?

Thomas Küng

Gebrauchsan-
weisung für die
Schweiz

Unter Mitarbeit von Peter Schneider,
Völlig überarbeitete
Neuausgabe 2008

Piper Taschenbuch, 208 Seiten
€ 14,99 [D], € 15,50 [A]*
ISBN 978-3-492-27566-8

Alpentäler und Street-Parade, Toblerone und Taschenmesser, Bankgeheimnis und Rütlifeiern. Thomas Küng bietet eine ebenso kundige wie humorvolle Einführung in die Schweizer Seele. Er schreibt über Mentalitäten, Geschäftsusancen und die Rivalität der Städte, nimmt uns mit nach Zürich, Luzern und Genf, zur Basler Fasnacht und in die Hauptstadt Bern, wo 1954 für Deutschland ein Wunder geschah. Und er verrät, warum kein Schweizer Müsli isst und wie Sie sich in all dem Chrüsimüsi zurechtfinden.

Leseproben, E-Books und mehr unter www.piper.de